LEHMWEG VERLAG

Narcís Oller

Contes
Erzählungen

Aus dem Katalanischen
von
Claudia Kalász

LEHMWEG VERLAG

Petita Biblioteca Catalana
Band 2

Der Verlag dankt dem Institut Ramon Llull
für die finanzielle Förderung
der vorliegenden Übersetzung.

La traducció d'aquesta
obra ha disposat d'un ajut
de l'Institut Ramon Llull

1. Auflage 2016
© Lehmweg Verlag GmbH, Hamburg, 2016
info@lehmweg.com
Alle Rechte vorbehalten, auch der
fotomechanischen Wiedergabe

Die Deutsche Bibliothek verzeichnet diese
Publikation in der deutschen Nationalbibliografie;
detaillierte Daten sind im Internet
unter http:/dnb.ddb.de abrufbar.

Gestaltung und Satz:
Farnschläder & Mahlstedt, Hamburg
Schrift: DTL Dorian
Druck und Bindung: CPI – Clausen & Bosse, Leck
Printed in Germany

ISBN 978-3-943537-05-5

Sumari/Inhalt

Pròleg 6

El vailet del pa 10
On són, els boigs? 32

Uns funerals 66
La primera pedra 76
Un petó 112
Natura 142
La fàbrica 156
Els nuvis de Verdun 178

Un personatge 188
La reforma 204

Anotacions per als lectors
de la versió alemanya 214

Nota a l'edició 226

Epíleg 228

Vorwort 7

Der Bäckerjunge 11
Wer ist eigentlich
verrückt? 33
Ein Begräbnis 67
Der Grundstein 77
Ein Kuss 113
Natur 143
Die Fabrik 157
Die Brautleute
von Saverdun 179
Eine Persönlichkeit 189
Die Stadtreform 205

Erläuterungen 214

Editorische Notiz 227

Nachwort 229

Pròleg

Què constitueix la identitat d'un poble? És la seva comunitat cultural transmesa, comunicada i unida per una història comuna, una llengua i el fet d'haver crescut junts en un territori històricament definit. La llengua, la història i el paisatge determinen la cultura catalana y el caràcter dels catalans. Aquesta cultura catalana també es mostra en la seva literatura pròpia. La llengua catalana és un ingredient essencial del brou de cultiu, mitjançant el qual la identitat catalana també s'ha anat desenvolupant.

Catalunya, un vell territori clarament delimitat per la seva història, llengua i cultura pròpia forma una part irrenunciable d'Europa amb la seva diversitat cultural. I per últim però no menys important valgui dir com a fet indiscutible que Catalunya pertany als quatre motors econòmics d'Europa, al costat de Baden-Württemberg, la Llombardia i el Roine-Alps.

Amb aquesta col·lecció alemanocatalana volem possibilitar, als lectors interessats de parla alemanya, l'accés a la literatura i llengua catalana. Així doncs, continuem una tradició històrica. El primer diccionari catalanoalemany de Johann Rosembach fou publicat l'any 1502 sota el títol: «Sehr nützliches Wörterverzeichnis zum Erlernen der deutschen und ka-

Vorwort

Was macht die Identität eines Volkes aus? Es ist ihre Kulturgemeinschaft, vermittelt und geeint durch eine gemeinsame Sprache und Geschichte und zusammen gewachsen auf einem historisch definierten Territorium. Die Sprache, die Geschichte und die Landschaft bestimmen die katalanische Kultur und den Charakter der Katalanen. Diese katalanische Kultur zeigt sich auch in ihrer eigenständigen Literatur. Die katalanische Sprache ist ein wesentlicher Bestandteil des Nährbodens, auf dem die katalanische Identität gewachsen ist.

Katalonien, ein altes durch seine Geschichte, eigene Sprache und Kultur fest umgrenztes Territorium, ist mit seiner kulturellen Vielfalt ein unverzichtbarer Teil Europas. Und nicht zuletzt ist auch das folgende zu erwähnen: Katalonien gehört zu den vier Wirtschaftsmotoren Europas, neben Baden-Württemberg, der Lombardei und den Rhône-Alpes.

Mit dieser deutsch – katalanischen Reihe wollen wir dem interessierten deutschsprachigen Leser den Zugang zur katalanischen Literatur und Sprache ermöglichen. Wir knüpfen damit an eine geschichtliche Tradition an. Das erste katalanisch – deutsche Wörterbuch von Johann Rosembach erschien 1502 unter dem Titel: »Sehr nützliches Wörterver-

talanischen Sprache» (Vocabulari molt profitós per apendre Lo Catalan Alamany y Lo Alamany Catalan, Perpinyà, 1502). També volem esmentar el fill del comerciant de Colònia, Johannes Fastenrath (1859–1908), que va traduir parts de la literatura catalana a la llengua alemanya, incloent l'any 1890 l'edició bilingüe: «Catalanische Troubadoure der Gegenwart».

La literatura catalana ofereix una rica elecció de contes, novel·les i assaigs, que van des dels grans mestres de l'art català de la narració i la poesia fins a les joves promeses. Addicionalment al text català i d'una traducció moderna a la llengua alemanya, descriurem en un epíleg, també bilingüe, la posició i la importància de l'autor i la seva obra dins de la literatura catalana. D'aquesta forma, volen ser llibres que construeixin ponts entre Catalunya i Alemanya.

El primer volum d'aquesta sèrie de varies publicacions durant els propers anys, està dedicat a una «campiona» de la modernitat catalana, l'autora Víctor Català (pseudònim de Caterina Albert i Paradís); el segón recull està destinat al seu predecessor literari, l'eminent narrador naturalista Narcís Oller. Continuarem la «Biblioteca Catalana» amb Ramon Llull i Joan Maragall, els quals s'ofereixen com a autors per als propers volums. Altres autors com Maria Aurèlia Capmany, Pere Calders i Maria Mercè Marçal també es preveuen per a ser publicats dins la mateixa sèrie.

L'editor

zeichnis zum Erlernen der deutschen und katalanischen Sprache« (Vocabulari molt profitós per apendre Lo Catalan Alamany y Lo Alamany Catalan, Perpinyà. 1502). Dann möchten wir auch den Kölner Kaufmannssohn Johannes Fastenrath (1859–1908) erwähnen, der Teile der katalanischen Literatur ins Deutsche übersetzte, darunter auch 1890 die zweisprachige Ausgabe: »Catalanische Troubadoure der Gegenwart«.

Die katalanische Literatur bietet eine reiche Auswahl an Erzählungen, Romanen und Essays, angefangen von den großen Meistern katalanischer Erzählkunst und Lyrik bis zu den jungen, vielversprechenden Talenten. Neben dem katalanischen Text und einer modernen deutschen Übersetzung werden wir in einem ebenfalls zweisprachigen Nachwort die Stellung und die Bedeutung des Autor und seiner Werke innerhalb der katalanischen Literatur beschreiben. Denn es sollen auch Bücher sein, die Brücken schlagen zwischen Katalonien und Deutschland.

Der erste Band dieser auf mehrere Jahre angelegten Reihe ist einer »Großmeisterin« der katalanischen Moderne, Víctor Català (Pseudonym für Caterina Albert i Paradís) gewidmet gewesen, der zweite Band ihrem Zeitgenossen Narcís Oller. Wir werden die »Biblioteca Catalana« fortsetzen, Ramon Llull und Joan Maragall bieten sich als Autoren für die nächsten Bände an. Weiter sind vorgesehen Maria Aurèlia Capmany, Pere Calders und Maria Mercé Marçal.

Der Verleger

El vailet del pa

I

Tots els matins a les vuit, com al toc d'un despertador, una nena de quatre anys desclou els ulls.
El primer mot que escapa de sos llavis és el de – Mamà! –; el primer que balbotejaren, i el que ben segur pronunciaran amb tendresa mentre tinguin vida.

La mare tanca el devocionari que recollidament llegia a l'esmorteïda claror de les escletxes, i obre un finestró pel qual entren llum i sol curullant la cambra d'alegria.

Tendra com una flor de maig, la nena remou el capet, es refrega les condormides parpelles amb sos tovets punys, i aviat surt del llit penjada del coll de sa mare, a qui es menja a petons, que ressonen com piulets de nierada.

–Qui és, la més *hermosa?* – diu la mare estrenyent l'angeló contra son pit i tornant-li abraçades i petons.

I la noia comença a explicar els somnis de la passada nit, en els quals figura quasi sempre la nina, que mentrestant jeu desmaiada als peus del llitet; el canari, que en el menjador refila ja com per despertar sa amigueta i tal o qual volta un *sereno* de veu grossa o bé un drapaire amb el sac ple *de criatures* que no fan bondat, reminiscència del conte de la cirereta.

Der Bäckerjunge

I

Jeden Morgen um acht, pünktlich wie ein Wecker, schlägt ein vierjähriges Mädchen seine Augen auf.
Als erstes entschlüpft seinen Lippen das Wort »Mama!«, das erste Wort, das sie gestammelt haben und sicherlich noch oft zärtlich aussprechen werden, solange Leben in ihnen ist.

Die Mutter schließt das Gebetbuch, worin sie bis jetzt im Dämmerlicht des durch die Ritzen dringenden Tages versunken gelesen hatte, und öffnet einen Fensterladen, so dass Helligkeit und Sonne fröhlich das Zimmer durchfluten.

Sanft wie eine Maienblume bewegt die Kleine ihr Köpfchen, reibt sich die noch schläfrigen Lider mit ihren runden Fäustchen, dann springt sie mit einem Satz aus dem Bett an den Hals ihrer Mutter und bedeckt sie mit zwitschernden Küssen, dass man meint, ein ganzes Vogelnest zu hören.

»*Wer ist die Schönste im ganzen Land?*« ruft die Mutter, während sie ihren Engel an die Brust drückt und Küsse und Umarmungen erwidert.

Nun beginnt das Kind zu erzählen, was es in der vergangenen Nacht geträumt hat. Dabei spielt die Puppe eine Rolle, die währenddessen ohnmächtig am Fuß des Bettchens liegt, der Kanarienvogel, der im Esszimmer tiriliert, als wolle er seine kleine Freundin wecken, und hin und wieder ein Nachtwächter mit tiefer Stimme oder ein Lumpensammler mit ei-

–Un *sereno* has vist, i et feia por? Què te'n van parlar, ahir, les minyones, de *serenos*? Ah! i com et van enganyar filla meva! com et van enganyar! Els *serenos* ...

–Agafen les nenes!
–No, amor meu: els *serenos* guarden les nenes, guarden els papàs, guarden a tothom que és bo, i no agafen sinó els dolents. Tu no ets dolenta. A tu no t'agafaran, a tu t'estimen.

–Sí, que m'estima a mi, el *sereno*, que sempre em porta anissos ... I saps qui m'estima també? El vailet del pa.

–Qui és, el vailet del pa?
–El noi que porta el pa cada matí: saps?
–Ah, sí! I que l'estimes tu?
–Sí: avui em portarà coca.
–Coca!
I la mare riu tot acabant de vestir la noia.
–Ara hem de resar. A veure: digues el parenostre.

–Truquen, truquen, mamà: deu ser el vailet! – diu la noia tot saltant i volent-se escórrer de les mans de sa mare.

–Vina'm aquí, vina'm aquí, entremaliada, cavallet! Vina'm aquí!
I filla i mare riuen, lluitant l'una per fugir, l'altra per retenir-la; ara estirant, ara deixant-se caure, ja corrent una i altra

nem Sack voll böser Kinder, eine Reminiszenz an das Märchen vom Mädchen im Kirschbaum.

»Einen Nachtwächter hast du also gesehen, und der hat dir Angst gemacht? Was haben dir denn gestern die Dienstmädchen bloß von den Nachtwächtern erzählt? Die haben dich aber ganz schön belogen, mein Kind! Nein, so was! Die Nachtwächter …«

»Nehmen die kleinen Mädchen mit!«

»Nein, mein Liebes: die Nachtwächter beschützen die kleinen Mädchen, sie beschützen auch die Eltern und alle, die gut sind. Nur die Bösen schnappen sie sich. Aber du bist ja nicht böse, dich schnappen sie nicht, dich haben sie gern.«

»Das stimmt. Der Nachtwächter hat mich gern, er gibt mir immer Anisbonbons … Weißt du, wer mich auch gern hat? Der Bäckerjunge.«

»Wer ist der Bäckerjunge?«

»Na, der Junge, der uns jeden Morgen das Brot bringt!«

»Ach ja, der. Und magst du ihn auch?«

»Ja, heute bringt er mir Kuchen.«

»Kuchen!«

Die Mutter lacht, während sie das Kind ankleidet.

»Jetzt müssen wir beten. Mal sehen, ob du das Vaterunser sagen kannst.«

»Es klingelt, es klingelt, Mama. Das muss der Bäckerjunge sein!« Das Mädchen hüpft aufgeregt und versucht, sich aus den Händen der Mutter zu winden.

»Hiergeblieben, hiergeblieben, du ungestümes Pferdchen!«

Mutter und Tochter lachen und rangeln miteinander: die eine um loszukommen, die andere um die Ausreißerin fest-

fins a la porta de la cambra, ja tornant la primera, presonera la segona, i sempre barrejant les rialles amb candorosos petons.

Aquella cambra és un tros de cel.

Des dels quadrets de gènere modern que representen escenes consemblants a les de mare i filla, al paper de les parets, color de perla amb garlandes de flors i nius de tórtores, tot és adequat i somrient; pertot es veu el gust senzill i alegre d'una ànima tan candorosa com modesta. Els mobles, des dels llits al vetllador, son de fustes clares, primets, esvelts i d'elegant dibuix. El sol s'enriola en tot allò que fereix, i, desprès d'emmirallar-se en l'aigua i espill del lavabo, juga amb sos reflexos inquiets entre les canyes daurades del sostre, animant de passada les flors de la jardinera suspesa en l'aire.

Mil voltes he pensat que, si els ocells la sabessin, prendrien voluntàriament aquesta cambra com a deliciós gavial.

Per fi, en la porta del pis sonen novament el timbre i el confós soroll de repetides sotragades.

La nena s'escapa corrent.

zuhalten; sie ziehen, lassen sich fallen, laufen einander nach bis zur Zimmertür; schon kommt die eine zurück, die andere fest im Griff, und alles unter Gelächter und herzigen Küssen.

Das Zimmer ist der Himmel auf Erden.

Von den modernen Bildchen mit Kinderszenen, so unbeschwert wie das Spiel von Mutter und Tochter, bis hin zur perlweißen Tapete mit Blumengirlanden und Turteltaubennestern ist die ganze Einrichtung passend und freundlich; überall spürt man den einfachen und heiteren Geschmack eines so zärtlichen wie arglosen Gemüts. Die Möbel – Betten und Nachttisch – sind aus hellem Holz, leicht, schmal und elegant. Alles, was die Sonne mit ihrem Strahl kitzelt, leuchtet erfreut auf. Nachdem sie sich im Wasser und im Spiegel des Waschtischs betrachtet hat, spielt sie mit ihren unruhigen Reflexen zwischen den goldenen Schilfrohren der Zimmerdecke und belebt schließlich im Vorbeistreichen die Blumen im Kasten vor dem Fenster.

Tausendmal habe ich gedacht, dass die Vögel, würden sie dieses Zimmer kennen, sich darin wie in einer köstlichen Voliere niederlassen würden.

Wieder ertönt die Klingel, zusammen mit dem undeutlichen Geräusch wiederholter Schläge gegen die Haustür.

Die Kleine witscht schnell davon.

II

No anava errada: és el vailet del pa; un noi espigadet, ros, que, amb sa bruseta de vions blaus, ses calces de pana i ses espardenyetes, està declarant ben bé son humil estament.

És tan jovenet que ni pot muntar la panera fins al pis: la deixa en el primer replà de l'escala, i sols puja amb dos pans llargaruts que porta encreuats arran del pit i abraçadets com si li inspiressin tendresa. Sembla l'estàtua del màrtir del treball, gelós de sa pròpia creu.

Si sols truqués amb el timbre, la nena podria confondre'l amb qualsevol: per això comença a sotragar la porta, a xiular, a picar amb els peus, com gos fidel que delira per veure son amo.

I surt la noia entrebancant-se amb la criada que obre la porta, i el rostre d'aquella, com el del vailet esclaten de joia.

La blancor de la nena, rival de la de son davantal, contrasta fortament amb el vestit polsós del primerenc obrer. En l'una hi ha representada la imatge del benestar i d'un rosat esdevenidor; en l'altre la predestinació del treball manual amb totes ses conseqüències.

Feia poc temps que es coneixien, però del primer jorn s'establi ja entre ells aquell corrent secret de confraternitat que, a

II

Sie hat sich nicht geirrt: Es ist der Bäckerjunge – ein hochgeschossenes, blondes Bürschchen. Mit seinem blaugestreiften Baumwollhemd, seiner Cordhose und den einfachen Stoffsandalen, den *Espardenyes*, kann er seinen niedrigen Stand nicht verleugnen.

Er ist so jung, dass er es nicht einmal schafft, den Brotkorb bis in die Wohnung hinaufzutragen. Er lässt ihn auf dem untersten Treppenabsatz stehen und nimmt nur zwei lange Brotstangen, die er vor der Brust kreuzt und umarmt, als hätte er sie lieb. Er sieht aus wie die Statue eines Märtyrers der Arbeit, der eifersüchtig sein eigenes Kreuz hütet.

Würde er nur klingeln, könnte das Mädchen ihn für irgendeinen Besucher halten. Deshalb schlägt er zur Verstärkung immer gegen die Tür, pfeift und trommelt mit den Füßen, wie ein treuer Hund, der es nicht erwarten kann, sein Frauchen zu sehen.

Die Kleine stößt mit dem Dienstmädchen zusammen, das gerade die Tür öffnet, stürzt hinaus, und ihr Gesicht wie das des Jungen strahlen vor Freude.

Die Helligkeit des Mädchens, die mit dem Weiß seiner Schürze wetteifert, steht in krassem Gegensatz zur staubigen Kleidung des frühreifen Arbeiters. Die eine stellt ein Bild des Wohlstands und einer rosigen Zukunft dar, der andere die Vorherbestimmung zur körperlichen Arbeit mit all ihren Folgen.

Die beiden haben sich vor Kurzem kennengelernt, doch vom ersten Tag an hat es zwischen ihnen jene geheime Strö-

despit de totes les desigualtats i prevencions que tant separen els homes, uneix tots els éssers innocents.

Començaren per guaitar-se i somriure; després es tocaren suaument el vestit abans de dir-se res; i, trencat el gel de la infantil vergonya, sostingueren animats diàlegs, i un i altre esperaven cada jorn l'hora de veure's, com dos enamorats. Aviat nasqué entre ells el desig d'obsequiar-se mútuament amb el canvi de floretes, estampes, confits i altres foteses, de les quals la millor part requeia sempre en benefici del vailet. Qualsevol hauria pogut creure que naixia en ells el sentiment de l'amor.

–Que has perdut la pilota que et vaig donar ahir? –preguntà la nena.
–Mira-la –respongué ell traient-se-la de la butxaca–. Veus? Avui et porto coca. I te'n portaré cada dia.

–En donarem al canari: oi?

I, estirant-lo per la mà, la noia menà son company al menjador, on fins aleshores mai no havia estat. Ja el canari semblava esperar-los, tot mal ajocat a la canyeta i amb les daurades ales a punt de saltar fins als ferros.

–Mira'l, que bufó! Titit, titit! ...
Pren una molleta i dóna-li'n, vailet. Jo per aquest cantó; tu per aquell altre.

El canari saltava dels ferros a la canya, de la canya als fer-

mung der Verbrüderung gegeben, die bei aller Ungleichheit und bei allen Vorkehrungen zur Trennung der Menschen die unschuldigen Seelen vereint.

Am Anfang sahen sie sich nur an und lächelten, dann zupften sie einander vorsichtig an der Kleidung, ohne etwas zu sagen; aber sobald das Eis der kindlichen Scham gebrochen war, unterhielten sie sich lebhaft. Beide ersehnten jeden Morgen den Moment der Begegnung, ganz wie zwei Verliebte. Bald entstand in ihnen der Wunsch, sich etwas zu schenken, ein paar Blumen, Bildchen, Süßigkeiten oder andere Kleinigkeiten, wobei dem Bäckerjungen immer der bessere Teil zufiel. Jeder hätte meinen können, dass die Kinder ineinander verliebt wären.

»Hast du den Ball verloren, den ich dir gestern gegeben habe?« fragte das Mädchen.

»Hier ist er«, antwortete der Junge, wobei er ihn aus der Hosentasche zog. »Siehst du? Heute habe ich dir Kuchen mitgebracht. Den bekommst du jetzt jeden Tag.«

»Wollen wir den Kanarienvogel ein bisschen damit füttern?«

Die Kleine zog ihren Freund an der Hand ins Esszimmer, das er noch nie zuvor betreten hatte. Der Kanarienvogel schien die Kinder zu erwarten, so vorgeneigt hockte er auf seiner Stange, die goldgelben Flügel bereits zum Flug gegen die Käfigstäbe gespreizt.

»Guck mal, wie niedlich! Tiwit, tiwit. Tiwit, tiwit!

Nimm ein Krümelchen und gib es dem Vogel«, forderte sie den Jungen auf, »ich von der einen Seite, du von der anderen.«

Aufgeregt mit den Flügeln schlagend und mit wippendem

ros; ara a la dreta, ara a l'esquerra; picant, piulant, no sabent on girar-se i esbategant les ales i la cueta amb sens igual vivesa. Els nens semblaven dues flors, el canari una papallona, i, a voltes, les ales d'aquest i els cabells d'aquells es confonien en una sola fulla d'or que un mateix alè eriçava.

Mentrestant, els pares de la noia, amb rialleta de felicitat, contemplaven aquell joc innocent abraçats par la cintura, com per més enllaçar els vincles de protecció i defensa que per la vida de llur filla tenien contrets. L'anell de promesa, ferit pel sol, lluïa en el dit de la mare com estel de felicitat, enlluernant el pobre vailet cada volta que sos ulls topaven amb aquella brillantor.

Ja cansats de voltar la gàbia, la nena agafà son companyó per mostrar-li un ver magatzem de joguines. El vailet somreia, al mateix temps que lluitava per anar-se'n, com a *home* esclau de l'obligació. Però la nena el retenia cridant-li l'atenció sobre cada una d'aquelles prodigalitats de l'amor paternal.

Ara donava corda a una nina vestida d'amazona que sortia disparada en son cavallet i es posava a voltar i més voltar com per l'arena d'un circ, després li treia una miniatura de saló de ball, ornat amb una magnificència capaç de despertar en el pobre vailet perilloses ambicions; venien, per últim, capses de sorpresa, estereoscopis, cèrcols amb cascavells, cordes de jugar a juli, pilotes, bales de vidre i, en fi, com hem dit abans, tot un magatzem de prodigalitats, tota una metrallada de desigs que inconscientment podia clavar en el cor del pobre vailet.

Schwanz hüpfte der Kanarienvogel von den Käfigstäben auf die Stange, von der Stange an die Stäbe, mal rechts, mal links; er pickte und zwitscherte und wusste nicht, wohin er sich drehen sollte. Die Kinder waren wie zwei Blumen, der Kanarienvogel dazwischen wie ein Schmetterling. Hier und da schienen seine Flügel und ihre Haare zu einem einzigen Goldblatt zu verschmelzen, das ein Luftzug angehoben hatte.

Währenddessen betrachteten die Eltern des Mädchens einander eng umfasst glücklich lächelnd das unschuldige Spiel, als wollten sie das um das Leben ihrer Tochter gezogene beschützende und behütende Band noch fester ziehen. Der im Sonnenlicht aufblitzende Verlobungsring am Finger der Mutter glänzte wie ein Glücksstern und blendete den Bäckerburschen jedes Mal, wenn seine Augen auf den Glanz fielen.

Des Herumlaufens um den Käfig müde, fasste die Kleine ihren Gefährten bei der Hand, um ihm das Arsenal ihrer Spielzeugsammlung zu zeigen. Der Junge lächelte, aber gleichzeitig rang er darum loszukommen, ganz wie ein *Mann*, den die Pflicht ruft. Doch seine kleine Freundin hielt ihn zurück, indem sie seine Aufmerksamkeit auf all die wunderbaren Zeichen der elterlichen Liebe lenkte.

Schon hatte sie eine als Amazone gekleidete Puppe aufgezogen, die auf ihrem Pferdchen losschoss und Runde um Runde wie in einer Zirkusmanege drehte; dann holte sie einen Tanzsaal in Miniatur hervor, der so prächtig geschmückt war, dass er in dem armen Bäckerjungen eine gefährliche Begehrlichkeit hätte wecken können; schließlich zeigte sie ihm ihre Schachteln voller Überraschungen: Stereoskope, schellenbesetzte Tamburins, Springseilchen, Bälle, Glasmurmeln, kurz und gut, wie schon gesagt, ein ganzes Arsenal von wun-

–Veus, que és bonic?– preguntava la noia amb el candor de sa innocència. –Mira: això, allò i aquestes vistes m'ho varen portar el reis. El saló i la cuineta me'ls van comprar després del xarampió. Aquest cotxet era per a anar a passeig quan no caminava, quan era petita: saps? Ara no m'hi porten mai … ara ja sóc gran: no? … I els teus papàs que no te'n compren, de joguines?

El vailet l'escoltava amb bondadosa rialleta.
–Que no en tens, de papàs?
Una ombra de tristor cobrí el front del vailet, qui després de reflexionar un xic, respongué:
–No.
La nena arrugà les entrecelles.
–Doncs qui et compra joguines?
–Ningú.
–Te'n porten els Reis: oi?
–Tampoc.
Si dura més l'interrogatori, el vailet esclata en plors. Una criatura més jove que ell el feia pensar en sa trista sort per primer cop a la vida.

El vailet era bord, i de mans de la dida que s'encarregà de criar-lo passà a les del flequer a qui servia, sense que ell mateix es donés compte exacte de com havia succeït. Recordava que molts l'anomenaven *bordet*, i ell jamai s'havia fixat en el sentit d'aquesta paraula; recordava també que ningú no l'ha-

derbaren Dingen, mit denen sie unbewusst eine Salve von Wünschen in das Herz des Jungen schießen konnte.

»Ist das nicht schön?« fragte sie mit argloser Unschuld. »Guck mal, das hier, das da und die Bilder haben mir die Heiligen Drei Könige zu Weihnachten gebracht. Das Wohnzimmer und die Küche für die Puppenstube habe ich bekommen, als ich die Masern hatte. Mit dem Kinderwagen hat man mich spazieren gefahren, als ich klein war und noch nicht laufen konnte, weißt du? Jetzt schon lange nicht mehr … Jetzt bin ich groß, oder? … Und deine Eltern, kaufen sie dir keine Spielsachen?«

Der Junge hörte gutmütig lächelnd zu.

»Oder hast du keine Eltern?«

Ein Anflug von Traurigkeit überschattete die Stirn des Jungen. Nach kurzem Nachdenken antwortete er:

»Nein.«

Das Mädchen runzelte die Stirn.

»Und wer kauft dir die Geschenke?«

»Niemand.«

»Aber von den Königen bekommst du welche, oder?«

»Auch nicht.«

Wenn die Fragerei noch weitergegangen wäre, wäre der Bäckergehilfe in Tränen ausgebrochen. Ein Geschöpf, das jünger war als er, machte ihm zum ersten Mal in seinem Leben sein trauriges Schicksal bewusst.

Er war ein uneheliches Kind. Von der Amme, die ihn aufgezogen hatte, war er zum Bäcker gekommen, dem er diente, ohne dass er selbst genau gemerkt hätte, wie alles geschehen war. Ihm fiel ein, dass viele ihn »kleiner Bastard« nannten, aber er hatte nie nachgeforscht, was das Wort bedeutete. Ihm

via comprat joguines, i, contemplant aquella aurèola d'amor entorn de la nena, s'adonava ara, per primera volta, de sa pròpia sort, que li semblà molt trista. Però no per això veié amb prou claredat son origen ni son present, ni molt menys allò que mai ningú no pot veure: son esdevenidor.

Sortosament el vailet tenia pocs anys! Així, no es capficà per la seva sort, ni l'enyorança de pares, d'ell fins llavors desconeguda, no deixà en son cor altre rastre que un llamp al cel.

Aviat quedà distret, i, amb la pilota i un parell de bales de vidre que li regalà aquell jorn la nena, baixà les escales saltant-les de tres en tres, precedit d'aquells objectes, que feia botar pels esglaons com eixelebrada avantguarda d'un capitost de follets.

III

En arribar a baix el vailet quedà clavat, fred, mig mort: la panera havia desaparegut.

Les bales i la pilota rodolaren lànguidament fins al carrer, abandonades, mentre el pobre vailet, arraulit al peu de l'escala, plorava sense consol. Com presentar-se a son amo? Quina seria sa sort? On aniria a dormir? Potser a la presó, en compte del lladre que l'havia robat!

fiel auch ein, dass niemand ihm je Spielsachen gekauft hatte. Beim Anblick des Glorienscheins von Liebe, der das Mädchen umgab, erkannte er zum ersten Mal sein eigenes Geschick und es erschien ihm sehr traurig. Doch er war weit davon entfernt, seine Herkunft und seine Gegenwart mit ausreichender Klarheit zu sehen, geschweige denn das, was niemand sehen kann, nämlich seine Zukunft.

Glücklicherweise war der Bäckergehilfe noch jung! So dachte er weder lang über sein Schicksal nach, noch verzehrte er sich in Sehnsucht nach seinen ihm bis dahin unbekannten Eltern; nur kurz leuchtete die Wehmut in seinem Herzen auf, wie ein Blitz am Himmel.

Schnell war er abgelenkt und sprang die Treppe, immer drei Stufen auf einmal nehmend, hinunter, wobei er den Ball und die beiden Glasmurmeln, die ihm das Mädchen an diesem Tag geschenkt hatte, vor sich herrollen ließ. Unbändig hüpften sie über die Stufen wie die kopflose Vorhut eines Zwergentrüppchens.

III

Unten angekommen blieb der Junge wie versteinert stehen und wurde kreidebleich: Der Brotkorb war verschwunden.

Die Murmeln und der Ball trudelten, sich selbst überlassen, auf die Straße, während der arme Bäckerjunge auf dem Treppenabsatz zusammengekauert bitterlich weinte. Wie sollte er jetzt vor seinen Meister treten? Welches Schicksal erwartete ihn? Wo würde er schlafen? Möglicherweise im Gefängnis, anstelle des Diebes, der ihn bestohlen hatte!

–Mare, mare meva! –cridava l'infantó en mig del desert de sa vida, sense que ningú respongués a sa veu. I pensava llavors en la nena de dalt, tan estimada de sos pares, tan afortunada, tan exempta de perills consemblants! ... I el sanglot de plor l'ofegava.

–Mare, mare meva! –repetia en son desconhort. Però la gent que passava a dues camades d'ell, potser la persona de qui demanava consol, seguia indiferent. I no perquè el malaurat estigués, com el ver dolor, amagat a la vista dels homes. S'hauria esdevingut el mateix si no ho hagués estat. Què significa un noi que plora? No ploren tots? Per què cercar-ne la causa? Deixeu, doncs, consumir el desconhort del bordet en l'ombra, que és l'element de sa existència! El temps, el més ferm company, ja el consolarà.

Mireu: fins un altre infantó, innocent com un àngel, va a clavar una sageta més al prou destroçat cor del vailet apropiant se-li les bales i la pilota, únic patrimoni que aquest devia a la liberalitat humana! Però què hi vol dir? ... ja s'aconsolarà, el bordet! La vàlua d'aquells objectes, mal que representin l'única il·lusió d'un infortunat de naixença, poc mereix la pena de plorar-los.

El pobre noiet no ho devia veure així quan, amb les mans a les butxaques, anava pels carrers corrent i lliurat al més gran dels desconhorts.

»Mutter, Mutter!« rief das Kind mitten aus der Verlassenheit seines Lebens, ohne dass jemand auf seinen Ruf geantwortet hätte. Der Junge dachte an das Mädchen oben in der Wohnung – so von seinen Eltern geliebt, in einer so glücklichen Lage, so unberührt von derartigen Gefahren! ... Er erstickte fast an seinen Schluchzern.

»Mutter, Mutter«, wiederholte er in seiner Untröstlichkeit. Aber die Menschen, die nur zwei Schritte vor ihm vorbeieilten, darunter vielleicht sogar diejenige, die er um Trost anflehte, verhielten sich gleichgültig – doch nicht etwa, weil der Unglückliche wie jeder wahre Schmerz den Blicken der Menschen verborgen blieb. Nichts hätte sich geändert, wenn er nicht unsichtbar gewesen wäre. Denn was bedeutet schon ein weinender Junge? Weinen sie nicht alle? Wozu nach einem Grund suchen? Lasst ruhig den kleinen Bastard sein Schicksal in dem Schatten beweinen, in den ihn sein Schicksal gestellt hat! Die Zeit, der beständigste Begleiter, wird ihn schon trösten.

Seht nur: Ausgerechnet ein anderes Kind, unschuldig wie ein Engel, hat einen weiteren Pfeil in das schon zerrissene Herz des Jungen gebohrt, indem es die Murmeln und den Ball an sich nahm, den einzigen Besitz, den dieser der menschlichen Freizügigkeit verdankte! Aber was bedeutete das schon? ... Er wird sich bestimmt trösten, der kleine Bastard! Die Gegenstände an sich waren es nicht wert, beweint zu werden, auch wenn sie für einen unglücklich Geborenen die einzige Freude darstellten.

Der bedauernswerte Bäckerjunge wird es allerdings nicht so gesehen haben, als er, seinem unermesslichen Unglück ausgeliefert, mit den Händen in den Hosentaschen durch die Straßen lief.

Ni ell mateix sabia on anava: el desig d'un desenllaç o altre l'encaminaven cap a la botiga de son amo; l'esparverament el desviava a camins oposats.

IV

El matí següent la nena esperà debades el vailet. No sentí sotragar la porta ni xiular: darrera un cop de timbre aparegué un xicotàs de vint anys, cobert l'ample pit amb una flassada blanca i portant a l'espatlla un gran paner, del qual tragué, amb fort disgust de la nena, el pa que abans duia el vailet.

Tres jorns seguits tingué la nena igual desengany.

–On és, el vailet? –preguntà a la fi.
–Ja no vindrà més.
–Sí que vindrà –replicà la nena picant de peus.

–Oh! Si ja no el tenim! No veus que era dolent? –afegí aquell xicot–. Per què el vols, el vailet?

–Doncs tu també em portaràs coca –digué la noia senzillament.

–Ah! vols coca! Això rai! Cada matí coca ensucrada, i serem amics: oi?

Nicht einmal er selbst wusste, wohin er ging. Der Wunsch, die Situation einer Lösung zuzuführen, welcher auch immer, lenkte seine Schritte zum Laden seines Herrn; die Furcht führte ihn in die entgegengesetzte Richtung.

IV

Am darauffolgenden Tag wartete das Mädchen vergeblich auf den Bäckerjungen. Es hörte keine Schläge gegen die Tür und auch kein Pfeifen. Nach einem Klingelton erschien ein zwanzigjähriger Bursche, einen weißen Latz um die breite Brust gespannt und auf dem Rücken einen großen Brotkorb, aus dem er zum äußersten Missfallen des Mädchens das Brot zog, das früher der kleine Bäckerjunge gebracht hatte.

Drei Tage hintereinander erlebte die Kleine dieselbe Enttäuschung.

»Wo ist der Bäckerjunge?«, fragte sie schließlich.

»Der kommt nicht mehr.«

»Doch, er kommt bestimmt wieder«, sagte das Mädchen, trotzig mit dem Fuß stampfend.

»Wie denn, er arbeitet doch gar nicht mehr bei uns! Weißt du nicht, dass er böse war?« setzte der Bursche hinzu. »Was willst du denn von ihm?«

»Du musst mir auch Kuchen bringen«, antwortete das Mädchen schlicht.

»Ach so, Kuchen willst du! Na, wenn es weiter nichts ist! Dann bringe ich dir jeden Morgen ein Stück Blechkuchen mit Zucker obendrauf und wir sind Freunde – einverstanden?«

I la nena, amb l'esperança que aquesta promesa li oferia, se n'entrà al menjador tot saltant alegrement.

−Titit! −digué al canari−; demà tindrem coca.

Freudig und erfüllt von der durch dieses Versprechen geweckten Hoffnung hüpfte das Mädchen ins Esszimmer.

»Tiwit, tiwit!« rief es dem Kanarienvogel zu, »morgen bekommen wir Kuchen.«

On són, els boigs?

I

Jo no sé pas quina idea devieu tenir d'un manicomi abans d'haver-ne vist cap. Suposo que, en anar per primer cop a visitar-ne un, devieu sentir-vos plens de recel i tristesa, com m'hi sentia jo ahir en ficar-me en el tramvia de les Corts de Sarrià.

El foraster que jo acompanyava em parlava molt entretingut, i jo ni el sentia. Era que la meva imaginació feia de les seves. Ens rodejava un mareig de gent i carruatges, passatgers de tota mena entraven, eixien, m'empenyien, em premsaven contra el caire de la porta, on jo m'havia plantat, i no me'n sentia. Com si estigués sol! Els revenedors de diaris em posaven als ulls *El Diluvio*, *La Gaceta*, *La Campana de Gràcia*, *Lo Nunci* … què sé jo! … i jo, com una estàtua, ni hi veia ni sentia les eixordadores veus que em crispen els nervis altres dies. Per dins del meu cap bullien pensaments, imatges, quimeres, de profunda tristor.

Què eren? què em deien? què veia? No us ho sabria expres-

Wer ist eigentlich verrückt?

I

Ich weiß nicht, welche Vorstellung ihr euch von einem Irrenhaus machen würdet, wenn ihr noch keins gesehen hättet. Ich kann nur vermuten, dass ihr auf dem Weg zu einem ersten Besuch genauso lustlos und bedrückt gewesen wäret wie ich, als ich gestern in die Straßenbahn nach Les Corts de Sarrià stieg.

Der Bekannte von auswärts, den ich begleitete, sprach lebhaft auf mich ein, aber ich hörte ihn gar nicht. Meine Phantasie ging ihre eigenen Wege. Wir befanden uns mitten in einem unübersichtlichen Gewühl von Menschen und Kutschwagen, Fahrgäste aller Art stiegen ein und aus, stießen mich an, drückten mich gegen den Türrahmen, in dessen Nähe ich mich gestellt hatte, und ich merkte von all dem nichts. Als wäre ich allein! Die Zeitungsverkäufer hielten mir ihre Blätter vor die Nase, *El Diluvio*, *La Gaceta*, *La Campana de Gràcia*, *Lo Nunci* ... und was sonst noch! Ich aber stand reglos da wie eine Statue, ohne auch nur etwas davon zu sehen oder die ohrenbetäubenden Stimmen zu hören, die mir an anderen Tagen so auf die Nerven gingen. In meinem Kopf überschlugen sich Gedanken, Bilder, Schreckgestalten, Ausgeburten tiefer Traurigkeit.

Was für Bilder waren das? Was sagten sie mir? Was sah

sar. Imagineu-vos que tot d'un plegat el telègraf vos anuncia la malaltia d'una persona estimada, i que preneu corrents el tren. Quantes coses més tristes, més profundament malenconioses, travessaran pel vostre enteniment, mentre el tren vola! i que indefinides, que boiroses, totes elles! El temor no és l'espant: hi ha entre ambdós la diferència del pressentiment a la realitat, de la veritat al dubte; i aquest dibuixa sempre damunt d'una platja on la constant maror tot ho esborra. «L'aspecte d'un boig és sempre tristíssim: el d'una bogeria, d'un manicomi, ho ha d'ésser cent vegades més«: heus aquí la substància de tot aquell batibull de pensaments que tan vagament m'encaparrava.

El tramvia arrencà ple de dins, ple de fora, la nostra plataforma feta un barril d'arrengades. Una paret de gent em privava de moure els braços, d'alenar amb llibertat. Amb les empentes d'uns i altres, em vaig trobar, sense adonar-me'n, arran del marxapeu del segon graó. Quan tot just arribàvem a la plaça de la Universitat, el cobrador guaità entre els caps dels meus veïns.

–Això és un escàndol! –li digué, amb tot de reconvenció, un d'ells.
–Què és un escàndol? –preguntà secament l'increpat.

–Omplir els cotxes d'aquesta manera! desobeir els *bandos* de l'Alcaldia!

ich? Ich könnte es nicht in Worte fassen. Stellt euch vor, dass ihr ein Telegramm mit der Nachricht von der plötzlichen Erkrankung eines geliebten Menschen erhalten habt und den erstbesten Zug nehmt. Wie viele traurige, trüb melancholische Gedanken würden euch nicht durch den Kopf gehen, während der Zug davonflöge. Wie undeutlich, nebulös wären sie alle! Furcht ist nicht dasselbe wie Schrecken: Die erstere unterscheidet sich vom zweiten wie die Vorahnung von der Wirklichkeit, der Zweifel von der Wahrheit. Der Zweifel zeichnet unablässig Figuren auf einen Strand, der von der Meeresbrandung immer wieder überspült wird. »Wie entsetzlich traurig ist schon der Anblick eines Wahnsinnigen; der Anblick des Wahnsinns selbst, eines Irrenhauses muss dann doch hundertmal trauriger sein.« Das war im Wesentlichen der Kern des verworrenen Gedankenaufruhrs, von dem mir der Schädel brummte.

Die Straßenbahn fuhr los, sowohl drinnen als auch draußen auf dem Perron zum Bersten voll. Wir standen auf der Plattform wie die Sardinen in der Büchse. Eine Menschenwand hinderte mich daran, die Arme zu bewegen und frei zu atmen. Durch die hier und da erhaltenen Stöße war ich, ohne es zu merken, an den Rand der zweiten Stufe am Einstieg geraten. Just als wir an der Plaça de la Universitat hielten, tauchte der Kopf des Schaffners zwischen den neben mir stehenden Fahrgästen auf.

»Das ist ein Skandal«, rief ihm im Brustton der Empörung einer von ihnen zu.

»Was ist ein Skandal?« fragte der Angesprochene kurz angebunden zurück.

»Dass Sie die Waggons derart überfüllen und die städtischen Vorschriften missachten!«

—Què vol que li digui, si la gent no se'n vol fer càrrec!

—No senyor: qui en té la culpa són vostès! –interposà un senyor que en feia dos, i dos de bon regent.

—Jo, pobre de mi? Vostès, que *s'empenyen* a pujar!

—Nosaltres! Sí que està bé això! –feren, cridant ja, tres o quatre.
—Tots els que son darrers –insistí el conductor, només en aquell to de defensa del que està ja avesat a escomeses consemblants.
—Què darrers ni primers! –exclamà el promovedor de la disputa–. No permetre això de cap manera! Això no és dur passatgers, sinó bens!

—Tornem-hi! Què vol que hi faci, jo, pobre de mi?

Treure els que sobren!
—Aviat està dit, però si ho intento, ningú no voldrà anar-se'n.
—Els homes han de ser homes! No ho mana la llei? Doncs fer-la complir.
—Sóc tan home com vostè. *Tento* amb el parlar.

—I què ha de ser!
El conductor, ja fora de si, donà nerviosament dues estrebades al timbre. El tramvia parà. Érem al carrer d'Aribau.

»Was wollen Sie machen, wenn die Leute sich nicht daran halten!«

»Nein, mein Herr: Die Schuld liegt bei Ihnen!« mischte sich ein anderer Mann ein, der Platz für zwei einnahm und nicht von schlechten Eltern.

»Wieso ausgerechnet ich? Sie sind es doch, die sich alle reindrängeln!«

»Wir! Jetzt hört sich aber alles auf!« meldeten sich, nun schon mit erhobener Stimme, drei oder vier andere.

»Ja, Sie! Alle, die zuletzt eingestiegen sind«, beharrte der Schaffner, bereits im defensiven Tonfall desjenigen, der schon öfter ähnliche Zwischenfälle erlebt hatte.

»Weder die Ersten noch die Letzten!« rief derjenige, der den Streit ausgelöst hatte. »So etwas darf man einfach nicht gestatten! So transportiert man doch keine Menschen, das ist ein Viehtransport!«

»Noch einmal: Was erwarten Sie eigentlich ausgerechnet von mir?«

»Dass Sie die raussetzen, die zu viel sind.«

»Das ist leicht gesagt, denn wenn ich es versuche, will am Ende niemand gehen.«

»Menschen müssen wie Menschen behandelt werden. Steht es nicht so im Gesetz? Also, dann befolgen Sie es auch.«

»Ich bin genauso ein Mensch wie Sie. *Passense* auf, was Sie sagen.«

»Und wie soll ich bitteschön mit Ihnen reden?«

Der Schaffner, nun schon außer sich, zog zweimal nervös an der Klingel. Die Straßenbahn hielt. Wir waren auf der Carrer d'Aribau.

–Què va a fer? –exclamaren, contenint-lo, els dos passatgers per entre els quals volia obrir-se via.

–Deixin-me passar, que veurà, aquell senyor si sóc home.

–Vaja, no us acaloreu: deixeu-ho córrer –respongueren aquells barrant-li el pas i sense perdre de vista l'amenaçat, que esperava el cobrador groc com una cera i amb rialleta de conill.

–No diu que ha de ser home? que he de fer complir la llei? Doncs baixin del cotxe vostè i aquell senyor gros, que són els darrers que han muntat! –cridava el cobrador tot bregant per desfer-se dels que el contenien.

–Com ho provarà vostè? –féu el reptat.

El senyor gros ja callava.
–No he de provar-ho: jo ho he vist. I un altre cop no seran tan llenguts. Au! baixin del cotxe!

–Prou, prou! Vaja, no s'acalorin! –repetiren els altres.

I la disputa, lluny d'amainar, anava recruant; i no sé fins on hauria arribat sense la bona obra d'aquells senyors que contenien el conductor, i el feliç acudit d'un passatger de l'interior, que tocà de nou el timbre, fent així arrencar altre cop el cotxe.

»Was haben Sie vor?« riefen die beiden Fahrgäste, zwischen denen er sich durchzwängen wollte, und verstellten ihm den Weg.

»Lassen Sie mich vorbei, dem Herrn da will ich es zeigen, ob ich ein Mensch bin.«

»Nur keine Aufregung, nehmen Sie es doch nicht so ernst«, beschwichtigten die beiden und versperrten den Durchgang, ohne den Blick von dem Bedrohten zu wenden. Der erwartete den Schaffner wachsgelb und mit einem unsicheren Hasenlächeln.

»Sagten Sie nicht, dass man Sie wie Menschen behandeln soll? Dass man das Gesetz befolgen soll? Also, steigen Sie aus, Sie und der dicke Herr da, denn Sie sind zuletzt eingestiegen!« schrie der Schaffner, indem er mit allen Kräften versuchte, sich von den Männern loszumachen, die ihn festhielten.

»Wie wollen Sie das denn beweisen?« rief der Angegriffene.

Der dicke Herr sagte nichts mehr.

»Gar nichts muss ich beweisen, ich habe es gesehen. Das nächste Mal halten Sie besser ihre Zunge im Zaum. Los! Raus aus dem Wagen!«

»Halt, halt, regen Sie sich nicht so auf!« wiederholten die anderen.

Statt abzuflauen, entbrannte der Streit von Neuem. Und ich weiß nicht, wie er ausgegangen wäre, wenn nicht jene beiden Fahrgäste den Schaffner so umsichtig festgehalten hätten und ein Fahrgast im Wageninnern nicht den glücklichen Einfall gehabt hätte, erneut am Klingelgurt zu ziehen, so dass die Straßenbahn wieder losfuhr.

–Què diantre! –deia jo entre mi–. És possible que per tan poca cosa s'acalorin fins al punt de perdre les bones formes socials, descendint a disputar amb un pobre home que està sobrat de raó? És creïble que comenci a moure raons qui més culpa té? que proposi resolucions que han de ser-li contràries, i que quan ve el cas de fer la justícia invocada, sigui ell qui es resisteix a acatar-la, només perquè li és contrària? Això és de boig!

I, sense fer més reflexions, vaig mirar el senyor de les disputes, cercant en sa cara els símptomes de la bogeria, i travessà el meu magí la suposició que potser anava a tancar-se. Després, posant-me sobre mi, comencí a dubtar de mi mateix.

–A tancar-se! –vaig dir-me–. Que ets boig? qui és que fa tancar a ell mateix?

En aquell moment, una vella de mal aspecte, aprofitant la marxa pausada que duien els cavalls, s'enfilà en el primer graó, i, sense mirar què feia, em ficà un gran cistell entre els peus. Aquella impertinència em posà furiós.

–Ei, bona dona! que jo no sóc de fusta! Aquell cistell em fa mal: feu favor de treure'l d'aquí.

Ni que l'hagués fiblada una vespa. I com es va desmanegar, aquella dona contra mi!

–On va, aquest senyoret? El delicat d'en Tendre! No el toqueu, el mira i no em tocs! Què s'ha pensat, vostè? que perquè sóc una pobra no tinc dret de pujar-hi al *trencvia*? Miri, aquí,

»Zum Teufel!« dachte ich bei mir. »Das darf doch nicht wahr sein, dass die Leute sich wegen einer Kleinigkeit so aufregen, dass sie sogar ihre Umgangsformen vergessen, und so weit gehen sich mit einem armen Mann zu streiten, der außerdem völlig Recht hat? Ist es zu glauben, dass derselbe nun nach Argumenten sucht, wer letztendlich schuld ist? Dass er Lösungen vorschlägt, die ihm selbst zum Nachteil gereichen und sich dann weigert zu gehorchen, wenn dem eingeforderten Recht Genüge getan werden soll, bloß weil er den Nachteil davon hat? Das sieht doch nur einem Verrückten ähnlich!«

Ohne weiter zu räsonnieren betrachtete ich den streitbaren Herrn genauer, auf der Suche Anzeichen von Wahnsinn in seinem Gesicht; und mich durchfuhr der Gedanke, dass er vielleicht auf dem Weg zum Irrenhaus war, um sich einschließen zu lassen. Doch gleich darauf besann ich mich und begann an mir selbst zu zweifeln.

»Sich einschließen zu lassen!« sagte ich mir. »Bist du verrückt? Wer lässt sich denn freiwillig einschließen?«

In dem Moment nutzte eine etwas schäbig aussehende ältere Frau den langsamen Trott der Zugpferde aus, um auf die unterste Stufe des Perrons aufzuspringen. Achtlos stellte sie mir einen großen Korb zwischen die Beine. Eine solche Frechheit machte mich wütend.

»Eh, gute Frau, ich bin nicht aus Holz! Der Korb drückt mich. Tun Sie mir den Gefallen und nehmen Sie ihn weg.«

Wenn eine Wespe sie gestochen hätte, hätte sie nicht wilder reagieren können. Wie ging diese Frau auf mich los!

»Was hat denn der feine Herr hier verloren? Der feine Graf von Mimosin! Fassen Sie es bloß nicht an, das Blümchen-rühr-mich-nicht-an! Was bilden Sie sich denn ein? Nur weil

pagant, tots som iguals: tan bona és la meva moneda com la de vostè, i encara millor, perquè jo no l'he robada!

En sentir això, sols pogué contenir-me el pensar que era dona i vella i pobra i sense educació si no, me li tiro a sobre i apel·lo al gran argument dels cops, com podia fer-ho un carreter.
—Vaja, prou! prou disbarats! No m'apureu la paciència! —vaig dir-li en to d'amenaça i amb els ulls flamejants.

Ah, fillets, què vaig haver dit! En voleu, llavors, de renecs i burles, de dicteris i insults, escopits per aquella boca? Ni una boca d'infern! En fi, que, ja sense aturador, no podent dominar la ira que aquelles injustícies m'encenien, agafo el cistell i... plam! el llanço al mig del camí.

No sé qui m'agafà pels braços; el meu company continguém la dona, que anava a balançar-se 'm a sobre, feta una fúria; algú altre féu parar el tramvia; uns em condemnaven per la falta de sang freda; altres m'aplaudien, i atacaven durament la mala criança de la vellota; i allò era un rebombori on ningú no s'entenia. Per fi, la causant de tan de soroll saltà a recollir el seu cistell; i, negant-se a pujar de nou, així que el cotxe començà a rodar les enfilà per apedregar-me sense mirar que podia fer mal als altres. Per sort tirava malament, els cavalls corrien molt, i corrent, corrent, perdérem de vista aquella fúria.

ich arm bin, soll ich nicht das Recht haben mit der *Trampbahn* zu fahren? Lassen Sie sich das gesagt sein, alle die bezahlen, sind hier gleich. Mein Geld ist genauso gut wie Ihres, und sogar noch besser, denn ich habe es nicht gestohlen!«

Als ich das hörte, hielt mich nur noch der Gedanke zurück, dass es sich um eine Frau handelte, die außerdem arm und ungebildet war; sonst hätte ich mich auf sie gestürzt und wie ein Fuhrmann die Faust sprechen lassen.

»Na, kommen Sie! Jetzt reicht's! Stellen Sie meine Geduld nicht länger auf die Probe!« stieß ich drohend und zornsprühend hervor.

Ach, Kinder, was hatte ich da gesagt! Wollt ihr hören, welche Beschimpfungen und Verspottungen, Beleidigungen und Verwünschungen dieser Mund sonst noch ausspuckte? Der Höllenschlund ist nichts dagegen. Nun aber konnte mich nichts mehr bremsen. Ich verlor vor Wut über die ungerechtfertigten Beleidigungen die Beherrschung, nahm den Korb und warf ihn – peng – mitten auf die Straße.

Ich weiß nicht, wer mich am Arm fasste; mein Begleiter hielt die Frau zurück, die sich wie eine Furie auf mich stürzen wollte; jemand anders brachte die Straßenbahn zum Halten. Einige verurteilten mein Tun, weil ich keinen kühlen Kopf bewahrt hatte; andere applaudierten mir und tadelten hart die schlechte Kinderstube der Alten. In dem ganzen Geschrei verstand man sein eigenes Wort nicht. Schließlich sprang die Ursache des Lärms vom Wagen, um ihren Korb zurückzuholen. Sie weigerte sich, wieder einzusteigen, aber als die Bahn anrollte, lief sie neben dem Wagen her und warf mit Steinen nach mir, ohne sich darum zu kümmern, dass sie auch andere verletzen konnte. Zum Glück zielte sie schlecht, die Pferde

Passat el bull de les sangs, vaig deplorar l'espectacle que per una insolent havia ofert a tots aquells passatgers; jo, que feia tan poc que censurava disputes bon tros menys extremades! —Això és inaguantable! Jo sóc boig, aquella dona és boja, tots aquests senyors són boigs! —pensava. I fins vaig somiar amb si les alenades del manicomi, que s'anava acostant, podien trastocar-nos com mal encomanadís.

Com es veu, doncs, anava preocupant-me per moments. tant que en deixar el tramvia vaig dir al meu company:

—Què en traurem, d'anar a veure el manicomi? Per ventura no acabes de veure'n un dins del carruatge? Figura't allò més en gran. Tots som boigs, tots: allí no hi trobarem sinó «els catedràtics», com deia aquell.

—I tal si ho som! I tal si ho ets! Mira que no me'n sé avenir, que hagis fet cas d'una donota com aquella arribant fins al punt de llançar-li el cistell a terra! Ho estava veient i me'n feia creus: no sabia si eres boig tu o si jo ho era.

—No em parlis, no em parlis! —fiu tot avergonyit—. Bé, doncs; estàs convençut, eh? Anem-nos-en a passeig; anem a esbargir-nos un xic, que ja ens cal.

liefen schnell und bald hatten wir die Furie aus den Augen verloren.

Als sich mein Zorn gelegt hatte, bedauerte ich, den übrigen Fahrgästen bloß wegen einer unverschämten Frau ein solches Schauspiel geboten zu haben, ausgerechnet ich, der ich kurz davor noch selbst eine viel weniger heftige Auseinandersetzung kritisiert hatte. »Das ist ja nicht zum Aushalten! Ich bin verrückt, die Frau von vorhin ist verrückt, diese Leute hier sind verrückt!« dachte ich. Ich spielte sogar mit dem Gedanken, dass die Umgebung der Irrenanstalt, der wir uns allmählich näherten, womöglich die Verwirrung auf uns übertrug, ähnlich wie bei einer ansteckenden Krankheit.

Wie man sieht, war ich für Augenblicke recht besorgt, so dass ich beim Verlassen der Straßenbahn zu meinem Begleiter sagte:

»Was haben wir eigentlich davon, in die Irrenanstalt zu gehen? Hast du nicht gerade eine in dem Waggon gesehen? Stell dir das alles nur ein bisschen größer vor. Wir alle sind verrückt, alle ohne Ausnahme. Da drinnen treffen wir nur ›die promovierten Irren‹, wie jemand es mal ausgedrückt hat.«

»Na klar, wir sind verrückt! Ganz klar, dass du verrückt bist. Ich kann es immer noch nicht glauben, dass du so ein Weibsbild überhaupt beachtet hast und dann auch noch so weit gegangen bist, ihren Korb auf die Straße zu werfen. Als ich das sah, habe ich mich insgeheim bekreuzigt. Ich fragte mich, wer von uns beiden verrückt ist, du oder ich.«

»Sprich bitte nicht mehr davon, bitte!« erwiderte ich beschämt. »Also, du bist wohl fest entschlossen? Machen wir einen Spaziergang, schnappen wir ein bisschen Luft, das tut uns jetzt gut.«

El meu company es parà a mirar-me un moment, esclafí a riure, i, posant-me una mà a l'espatlla exclamà:

—Però, home! que ho ets de debò? No saps que no anem a veure el manicomi per gust, sinó a visitar aquell del meu poble? No saps que demà marxo i no podria complir l'encàrrec de la seva pobra dona?

—Ah! —vaig fer jo, entre confós i avergonyit.

II

En baixar del tramvia havíem demanat al cobrador que ens encaminés.
—Mirin: tirin carrer avall; a mà dreta trobaran una placeta: prenguin el carreró de l'esquerra, i al bell cap del carreró ja veuran la porta.

El primer carrer, a unes seixanta passes, se'ns eixamplà bruscament. A mà esquerra hi havia un casino de planta, bastant bonic; un poc més amunt, un carreró pedregós; a mà dreta, parets de jardins, i darrera una colzada, una placeta irregular amb tots els aires de llogaret. Tot respirava aquella soledat dels pobles petits.

Com que, quan hom busca, la impaciència allarga els carrers, ens semblà que el carreró pedregós havia d'ésser el que cercàvem perquè era el més proper. I, és clar, avall les venen,

Mein Freund blieb stehen, sah mich kurz an, brach dann in Gelächter aus und rief, wobei er mir die Hand auf die Schulter legte:

»Mann! Bist du denn wirklich verrückt? Hast du vergessen, dass wir nicht zum Vergnügen in die Irrenanstalt gehen, sondern um den unglücklichen Mann aus meinem Ort zu besuchen? Weißt du nicht mehr, dass ich morgen abreise und den Auftrag seiner armen Frau dann nicht mehr ausführen könnte?«

»Ach ja«, antwortete ich, teils verwirrt, teils kleinlaut.

II

Beim Aussteigen hatten wir den Schaffner gebeten uns den Weg zu erklären.

»Schauen Sie: Sie gehen hier die Straße runter, dann kommen Sie rechter Hand an einen Platz. Da nehmen Sie die Gasse links und ganz am Ende dieser Gasse sehen Sie dann schon den Eingang.«

Nach ungefähr sechzig Schritten wurde die Straße plötzlich breiter. Links stand ein neu errichtetes recht hübsches Kasino; etwas weiter oben begann ein steiniger Weg, rechts waren Gartenmauern und hinter einer Biegung ein unsymmetrischer kleiner Platz, wie er in solchen Örtchen zu finden ist. Alles hatte etwas von jener typischen Verlassenheit kleiner Ortschaften.

Wenn man etwas sucht, macht die Ungeduld die Straßen länger, deshalb schien es uns, dass der steinige Weg derjenige sein musste, nach dem wir Ausschau hielten, denn er lag am

sense fixar-nos que un establiment reputat no hauria tingut un camí per on no podien transitar cotxes. Una banda i altra del carreró eren parets altíssimes i ronyoses que l'enfosquien: ni una porta li dava vida. Probablement deu ésser curt, però a mi em semblà llarg. De sobte ens trobàrem en ple camp. El panorama, sempre bellíssim, de Barcelona, s'estenia en suau baixada, precedit de verds sembrats i cases de camp mig amagades entre capritxosos grups d'arbres, i coronat, en últim terme, per la cinta d'argent que el mar, ferit pel sol, ostentava en l'horitzó. Era tan bonic, tan joliu, que encaparrat i tot com anava, vaig contemplar-lo una estona.

Però en tot el que la nostra vista dominava no descobríem senyals ni rastres de manicomi. Per fi ens decidírem arribar-nos a la casa de pagès més pròxima, a preguntar.

—Ca, senyorets, ca! —féu la bona dona a qui demanàrem—. Si han fet marrada! Han de desfer camí. Trobaran una placeta i una font: deixin la font a l'esquerra, i emprenguin el carreró.

Era la placeta que ja havíem vist. Però la font, Déu te'n darà!

—Noi —va dir-me el company—, jo em torno boig. Jo crec

nächsten. So gingen wir in die falsche Richtung, ohne darauf zu kommen, dass eine angesehene Einrichtung nicht auf einem Weg zu erreichen wäre, der keine Zufahrtsmöglichkeit für Kutschen bietet. Auf beiden Seiten der Gasse erhoben sich hohe, von der Zeit geschwärzte Mauern, die das Licht wegnahmen. Weit und breit keine Tür, hinter der man Leben vermutet hätte. Wahrscheinlich war die Gasse kurz, mir aber erschien sie lang. Plötzlich befanden wir uns auf offenem Feld. Sanft abfallend erstreckte sich vor uns der immer wieder bezaubernde Ausblick auf Barcelona, vorne eingefasst von grün bepflanzten Feldern, auf denen hier und da zwischen launischen Baumgruppen halb versteckte Bauernhäuser hervorlugten, und hinten gekrönt von dem am Horizont in der Sonne glänzenden Silberstreifen des Meeres. Es war so schön, so erhebend, dass ich, bedrückt wie ich war, eine ganze Weile in Betrachtung versunken stehen blieb.

Doch weit und breit, wo immer unser Blick auch hinfiel, war keine Spur von einer Irrenanstalt zu sehen. Endlich beschlossen wir, zum nächstgelegenen Gehöft zu gehen und zu fragen.

»Na sowas, meine Herren, nein!« rief die gute Frau, die wir um Auskunft baten. »Da haben Sie aber einen Umweg gemacht! Sie müssen wieder zurückgehen. Dann kommen Sie zu einem kleinen Platz mit einem Brunnen. Lassen Sie den Brunnen links liegen und nehmen Sie die Gasse.«

Sie meinte offensichtlich den Platz, an dem wir schon vorbeigekommen waren. Aber der Brunnen? Weiß Gott, wo der stand!

»Hör mal«, meinte mein Begleiter zu mir, »ich glaub' ich

que aquest manicomi l'amaguen per augmentar la seva par-
ròquia.

–I mira! –vaig fer jo, tot content de la troballa; si la teníem
darrera! És allí, la font: encastada a la paret.
Enfilàrem el carreró, i veiérem, al capdamunt, un clos amb
una porta de ferro, trista com la d'un fossar. A mesura que ens
hi acostàvem, més confoses temors anaven creixent. Trucà-
rem, s'obrí la porta, i ens trobàrem dins d'un petit pati ocu-
pat per un cotxe, algunes senyores i un capellà. Paral·lela a la
porta d'entrada hi havia una altra, també de ferro; i damunt
de la paret estenien llur brancatge arbres dels jardins interi-
ors. El porter obrí, ens recomanà a un criat, i sentirem que gi-
rava altre cop la clau. Grans caminals d'arbres i jardins s'es-
tenien arreu, i pocs passos haguérem de fer per arribar a la
terrassa del departament de senyores, vorejada de pedrissos
i flors. Llavors veiérem, a mà dreta, estendre's l'edifici, bai-
xet i llargarut, amb ses finestres i portes obertes, algunes de
les quals eren animades per senyores que cosien o guaitaven
tranquil·lament, arrambades als llindars. La quietud més dis-
creta regnava pertot. En els pedrissos hi havia alguns grups
parlant.

–Les boges deuen ser tancades a la part darrera –vaig pen-
sar jo seguint el pas precipitat amb què ens menava el nostre
guia.
Del bell mig del llarg davanter arrencava una alta paret

werd' verrückt. Es sieht so aus, als würde man diese Irrenanstalt absichtlich verstecken, um ihre Kundschaft zu vermehren.«

»Hier ist er ja«, rief ich, erfreut über meine Entdeckung, »er war hinter uns! Der Brunnen ist in die Mauer eingelassen.«

Wir betraten die Gasse und erblickten bald etwas weiter oben ein Gemäuer mit einer Eisentür, so traurig wie die eines Verlieses. Je näher wir kamen, desto mehr beschlichen uns unbestimmte Befürchtungen. Wir klingelten, das Tor öffnete sich und schon befanden wir uns in einem kleinen Vorhof, wo eine Kutsche und einige Damen mit einem Kaplan zusammenstanden. Direkt gegenüber vom Eingang befand sich ein zweites Tor, auch aus Eisen; über die Mauer ragten die Äste der Bäume aus den dahinter liegenden Gärten. Ein Pförtner öffnete uns, empfahl uns einem Bediensteten und wir hörten, wie hinter uns der Schlüssel wieder umgedreht wurde. Überall waren zwischen Bäumen und Gartenbeeten breite Pfade angelegt und schon nach wenigen Schritten erreichten wir die von Blumen und Steinbänken umgebene Terrasse der Frauenabteilung. Rechts erblickten wir nun das flache, langgestreckte Gebäude. Fenster und Türen standen offen, einige waren belebt von Frauen, die an der Schwelle sitzend nähten oder still hinausschauten. Auf dem ganzen Gelände herrschte äußerste Ruhe. Auf den Bänken saßen hier und da Grüppchen und unterhielten sich.

»Die Verrückten müssen im hinteren Trakt eingesperrt sein«, sagte ich mir, während wir dem eiligen Schritts vorausgehenden Diener folgten.

Mit einem Mal wurde die lange Fassade durch eine Quer-

amb sa corresponent porta de ferro, igual a les altres. El guia l'obrí, ens presentà a un altre criat, i ens tancà de part de fora.

Érem a la terrassa dels homes. Feia un sol esplèndid, i tot allò estava animat com el pati d'un col·legi a l'hora de jugar, però amb la diferència, favorable a l'oïda, que no hi havia ni crits ni xiscles. Allí, una colla jugaven a pilota. Ençà, uns quants escoltaven atentament un company que llegia el diari; prenien el sol, arrecerats a la paret, alguns vells; hi havia joves que es passejaven amunt i avall, qui llegint, qui rumiant. Més enllà, d'altres, recolzats a l'oberta finestra del pis de baix, conversaven amistosament amb el company de fora, asseguts a una tauleta, dos jugaven, molt entretinguts, a dames...

–Té, mira, l'Onofre! –saltà el meu amic, encaminant-se a trobar-lo.

El cor em féu un salt.

–És a dir que tots aquells eren boigs? «I és clar! –direu–. Doncs què havien de ser? Què hi haurien fet, allí, tanta gent i d'edats diverses?» No ho sé, ni se'm va acudir una consideració tan natural: el que sé és que la meva imaginació m'havia promès altres quadros ben diferents, molt més tristos, i com que jo no desesperava de la promesa, allò sols em sorprenia pel que em retardava el moment temut. Per això mateix no hi fixí gaire l'atenció: ho vaig mirar un moment com mireu els corredors d'una casa tot caminant cap a la sala: ho veieu tot i no veieu res.

wand unterbrochen, wieder mit einer Eisentür versehen, ganz wie die anderen. Unser Begleiter öffnete sie, präsentierte uns einem anderen Diener und schloss von außen die Tür hinter uns ab.

Wir befanden uns nun auf der Terrasse der Männerabteilung. Sie lag in strahlendem Sonnenschein und war belebt wie ein Schulhof in der Pause, jedoch mit dem für das Ohr wohltuenden Unterschied, dass kein Lärm und Geschrei zu hören waren. Hier spielte ein Trüppchen mit dem Ball. Dort hörten einige aufmerksam einem anderen zu, der etwas aus der Zeitung vorlas. Einige alte Männer lehnten an der Mauer und sonnten sich. Junge Männer spazierten auf und ab, einige lasen, andere saßen nachdenklich da. Weiter hinten beugten sich einige Insassen aus einem offenen Fenster des Erdgeschosses und unterhielten sich freundlich mit anderen, die draußen standen. Zwei saßen an einem Tischchen, versunken in ihr Dame-Spiel …

»Da ist er ja, der Onofre!«, rief mit einem Mal mein Freund und ging auf einen Mann zu.

Mein Herz klopfte bis zum Hals.

»Heißt das, alle die wir da sahen, waren verrückt?« »Natürlich!« werdet ihr sagen, »Was sonst? Warum sonst sollten sich all diese Menschen so unterschiedlichen Alters dort aufhalten?« Ich weiß nicht, auf so eine natürliche Betrachtungsweise war ich gar nicht gekommen. Ich weiß nur, dass ich mich in meiner Phantasie auf andere, viel traurigere Bilder gefasst gemacht hatte, und da ich meine Erwartung nicht aufgegeben hatte, überraschte mich nur, dass der gefürchtete Moment hinausgeschoben wurde. Darum achtete ich auf nichts, mein Blick glitt schnell an allem vorbei, so wie wenn

Però quan la presència de l' Onofre em va revelar que ja érem a la sala, que estava voltat de boigs, vaig quedar parat.

—Tots aquests són boigs i hi ha tanta tranquil·litat, tanta quietud? —exclamava entre mi.

I llavors volguí cercar els senyals de la bogeria que no havia sabut veure al primer cop d'ull. Entre aquella quarantena de pensionistes, sols dos em semblaven un xic tocats: un jove que, mal arrebossat amb la capa, es passejava amunt i avall, parlant tot sol, rient, movent amb elasticitat d'un còmic els músculs de la cara, els ulls extraordinàriament sortits; i un pobre vell que assegut a terra, la gorra damunt dels genolls, resava en veu alta, es senyava i feia sanctus contínuament.

Confesso que ni l'una cosa ni l'altra no m'haurien semblat d'orats fora d'aquell lloc.

Tots els altres seguien en pau i quietud llurs converses, llurs jocs i entreteniments. El mateix Onofre, tan bon punt ens veié, vingué a trobar-nos, saludà cortesament el meu amic cridant-lo per son nom, i, veient que jo tenia la discreció d'apartar-me, em sorprengué amb aquesta claredat:

—No s'aparti, no. Suposo que el senyor no vindrà pas a dipositar-me secrets: de nosaltres ningú no se'n fia.

ihr durch euren Korridor zum Wohnzimmer geht: Man sieht alles und nichts.

Als aber Onofres Gegenwart mir enthüllte, dass wir uns schon in der Krankenabteilung befanden, dass ich von Verrückten umgeben war, kam ich aus dem Staunen nicht heraus.

»All diese Leute sind verrückt und trotzdem herrscht hier solche Ruhe, solche Gelassenheit?« rief es in mir.

Nun suchte ich nach Anzeichen des Wahnsinns, die mir auf den ersten Blick entgangen waren. Unter den etwa vierzig Insassen schienen mir nur zwei nicht ganz normal zu sein. Der eine war ein junger Mann. Er ging, achtlos in ein langes Cape gehüllt, auf und ab, führte Selbstgespräche, lachte und verzog die Muskeln seines Gesichts, aus dem die Augen unnatürlich hervorquollen, mit der Geschicklichkeit eines Komikers zu allen möglichen Grimassen. Der andere war ein bedauernswerter Alter. Er kauerte auf dem Boden, die Mütze auf den Knien, und betete laut, wobei er sich ständig bekreuzigte und sich wie beim Schuldbekenntnis des Sanktus an die Brust schlug.

Allerdings muss ich gestehen, dass mir außerhalb dieser Anstalt weder der eine noch der andere als Verrückte aufgefallen wären.

Alle übrigen waren friedlich und gelassen mit ihren Gesprächen, Spielen und sonstigen Arten des Zeitvertreibs beschäftigt. Onofre kam, kaum hatte er uns erblickt, auf uns zu, begrüßte meinen Freund höflich mit seinem Namen, und überraschte mich, als er sah, dass ich mich aus Diskretion im Hintergrund hielt, mit seiner Klarsicht:

»Sie müssen nicht abseits stehen, wirklich nicht. Der Herr hier will mir sicher keine Geheimnisse anvertrauen; schließlich traut man uns hier drinnen im Allgemeinen nicht.«

El meu amic es mossegà els llavis, i ambdós canviàrem una rialleta de sorpresa i admiració.

Començàrem tots tres a passejar-nos pels jardins, parlant de la salut, del tracte d'aquella casa, del temps; i (us dic la veritat) jo no trobava el boig; m'hi tornava jo buscant-lo. Hi ha més: si el meu company insinuava el més petit propòsit de parlar-li de la família o del poble, l'Onofre es feia enllà dissimuladament, com temorós d'entendrir-se massa, o de caure tal volta, en algun accés del seu mal. En una paraula, semblava més discret que nosaltres, més amo de si mateix. Parlava amb la lleugeresa d'un home de món, no s'entretenia en res: com si estigués posseït d'una gran indiferència, o donés per sentat que la nostra penetració suplia les seves reticències, tot ho tractà amb la major sobrietat. Ell mateix, sense caure en grosseria, ens indicà que el vespre ens venia sobre, i, al peu de la porta, estrenyent-nos la mà, una llàgrima traïdora li feu girar la cara.

La terrassa de les senyores era deserta. Un vel negrós enfosquia la verdor de les plantes i dels arbres, cobrint terra i edificis d'aquella dolça vaguetat del capvespre que tant escau als cors tristos. Al llindar d'una porta vaig veure, com una aparició, la imatge de la follia que en tota la tarda no havia trobat. Era una noia alta, magra i esgrogueïda, vestida de sargil blanquinós, els cabells llançats en desordre, els ulls perduts

Mein Freund biss sich auf die Lippen und wir beide tauschten ein Lächeln der Überraschung und Bewunderung.

Zu dritt machten wir nun einen Spaziergang durch den Garten, sprachen über die Gesundheit, die Behandlung in diesem Haus, über das Wetter und (ich sage euch wirklich die Wahrheit) ich fand nichts an ihm verrückt, obwohl ich mir Mühe gab etwas zu entdecken. Ganz im Gegenteil: Sobald mein Freund den leisesten Versuch machte, von der Familie oder seinem Zuhause zu sprechen, wich Onofre unmerklich aus, als fürchtete er, allzu große Rührung zu zeigen oder womöglich in seine Krankheit zurückzufallen. Mit einem Wort, er wirkte zurückhaltender als wir und selbstbeherrschter. Er sprach mit der Leichtigkeit eines Mannes von Welt, ohne sich bei irgendetwas lange aufzuhalten. Als empfände er allem gegenüber große Gleichgültigkeit oder als setze er mit Gewissheit voraus, dass unser Einfühlungsvermögen das ergänzen würde, was er nicht aussprach, behandelte er alle Themen mit größter Nüchternheit. Er selbst wies uns, ohne dabei in irgendeiner Weise grob zu werden, schließlich darauf hin, dass der Abend hereinbrach, und als er uns an der Tür die Hand gab, veranlasste ihn eine verräterische Träne, das Gesicht abzuwenden.

Die Terrasse der Frauen lag nun verlassen da. Ein schwärzlicher Schleier verdunkelte das Grün der Pflanzen und Bäume und hüllte den Boden und die Gebäude in jene sanfte Ungewissheit der Abenddämmerung, die traurigen Herzen so gewogen ist. An der Schwelle einer Tür sah ich, einer Erscheinung gleich, das Bild des Wahnsinns, das ich den ganzen Nachmittag nicht gefunden hatte. Es war eine magere, hoch-

per l'espai, les mans caigudes en lànguid encreuament. Amb veu dolça i tristíssima cantava:

> «*Gran Dio! morir sí giovane,*
> *io qu' ho penato tanto! ...*»

I, en arribar aquí, trencava el cant, i tornava a començar una i mil vegades, tot el dia, ja feia anys. Segons el nostre guia, ella deia que desafinava les darreres notes, i s'havia ficat al cap de no parar fins a afinar-les. Això em recordà un poeta amic meu que fa quinze anys que escriví un poema, i, de llavors ençà, es passa la vida desfent-lo i tornant-lo a fer, amb l'esperança que així un dia el deixarà bé. I el meu amic no està tancat!

III

Diantre, si n'és, de flaca, la nostra raó! El senzill propòsit d'anar a visitar un manicomi ja m'havia fet veure, tota la tarda, boigs per tot arreu, boigs i res més. Dins de l'establiment, quants n'havia sorprès, en substància? Tres amb prou feines. I, malgrat això, quina pertorbació, en el meu enteniment, quan veníem de retorn! M'embrancava en filosofies per descobrir

gewachsene junge Frau mit wachsgelber Haut in einem hellen Baumwollhemd. Ihre Haare fielen wirr herab, ihre Augen starrten verloren ins Leere, ihre Hände verschränkten sich zu sehnsüchtigem Flehen. Mit sanfter und tieftrauriger Stimme sang sie:

> »*Gran Dio! morir sí giovane,*
> *io qu' ho penato tanto! …*«

An dieser Stelle angekommen, brach sie den Gesang ab und begann von Neuem, immer und immer wieder, den ganzen Tag, und das seit Jahren. Der uns begleitende Wärter erklärte, dass sie glaube, die letzten Noten nicht richtig zu treffen. So hatte sie sich in den Kopf gesetzt nicht aufzuhören, bis sie die Stelle richtig singen könne. Das erinnerte mich an einen befreundeten Dichter, der seit fünfzehn Jahren an einem Gedicht schrieb und seitdem sein Leben damit verbrachte, es immer wieder zu zerstören und neu zu schreiben, in der Hoffnung, dass es eines Tages gelingen würde. Mein Freund lebt aber nicht in einer geschlossenen Anstalt!

III

Zum Teufel, wie schwach ist doch unser Verstand! Der einfache Vorsatz eine Irrenanstalt zu besuchen, hat mich den ganzen Nachmittag überall Verrückte sehen lassen, nur Verrückte und nichts anderes. In der Anstalt dann, wie viele wahre Irre habe ich erwischt? Drei, wenn es hoch kommt. Und dennoch, wie verstört waren meine Gedanken auf der

on acaba la raó i on comença la demència, i em feia embulls que ... Déu me'n guard, d'explicar-vos-els! Era un desvari, i el pitjor del cas és que totes les meves conclusions m'empenyien a confessar que tots som boigs, que l'única diferència a què ha d'atendre la patologia consisteix en la duració, intensitat i freqüència dels arravataments. El pronòstic favorable que es feia de l'Onofre en vista que no tenia lesió orgànica, m'acabava d'embullar; perquè jo no comprenia que, sense tal lesió, pogués diferenciar-se, mèdicament parlat, un *home* d'un *boig*, ja que tots en som, el metge que ens visura inclusiu. Bé és veritat que, ara que estic serè, amb aquest *inclusiu* m'ho explico: tot dependrà de la serenitat o de la pertorbació del metge en aquell moment. Heu tingut un disgust: vos heu enutjat. Entreu en una sobreexcitació prou accentuada perquè algú s'alarmi. Criden un metge. Vos toca el cap, vos fa preguntes ... Ja haveu pres un bitllet de rifa: segons la sort, vos tocarà viure a la torre, sense lesió i tot. Al cap d'unes quantes hores d'ésser al manicomi ja ningú us creurà més savi que els altres, ni vosaltres mateixos tampoc. Perquè (creieu-ho) l'alienació és encomanadissa. N'és una prova el que ens passà al meu amic i a mi.

De tornada no ens vàrem dir sinó una cosa:

Rückfahrt. Ich verstieg mich in philosophische Überlegungen, weil ich entdecken wollte, wo der Verstand aufhört und der Schwachsinn anfängt. Ich verwickelte mich in ein Wirrwarr von ... Gott bewahre mich davor, das alles erklären zu wollen! Es war abwegig. Das Schlimmste aber war, dass alle meine Schlussfolgerungen mich immer wieder zu dem Eingeständnis drängten, dass wir alle verrückt sind und der einzige Unterschied zum pathologischen Fall in der Dauer, der Intensität und der Häufigkeit der Ausbrüche liegt. Die günstige Prognose, die man Onofre gestellt hatte, weil seine Krankheit keine organische Ursache hatte, brachte mich ganz durcheinander; denn ich verstand nicht, dass man ohne eine solche Ursache einen *Menschen* von einem *Verrückten* medizinisch unterscheiden konnte, waren wir doch alle verrückt, der uns untersuchende Arzt eingeschlossen. Jetzt, da ich wieder ruhig denken kann, erkläre ich es mir aufgrund der letzten *Einschließung*: Alles hängt davon ab, wie klar oder wie verwirrt der Arzt im entscheidenden Moment ist. Stellt euch vor, ihr hättet etwas Verdrießliches erlebt; ihr habt euch geärgert. Ihr steigert euch in einen Zustand so großer Aufregung, dass jemand um eure Gesundheit besorgt ist. Man ruft einen Arzt. Er fasst nach eurem Kopf, stellt Fragen ... Schon habt ihr das Lotterielos gezogen. Wenn das Schicksal es will, müsst ihr im Turm leben, auch ohne organische Verletzung. Habt ihr aber einige Stunden in der Irrenanstalt verbracht, wird euch niemand mehr für verständiger halten als die anderen, nicht einmal ihr selbst. Denn die Entfremdung (glaubt es mir) ist ansteckend. Einen Beweis dafür liefert das, was meinem Freund und mir passiert ist.

Auf der Rückfahrt haben wir uns die ganze Zeit gefragt:

—Que és boig?

I ens referíem a un carreter que, seguint amb son carro els rails de la via, ens va fer anar el cotxe una estoneta al pas. Si callàvem era perquè pensàvem interiorment un desgavell de bogeries. En fi (ja ho heu vist), allí dintre ens dava lliçons de seny l'Onofre.

Últimament, una sotragada brusca ens lliurà d'aquelles abstraccions. Havíem arribat a la Rambla. L'espant que vaig sentir en eixir a la plataforma, no puc pintar-vos-el. Era un desvari meu, una espantosa bogeria que em capgirava el cervell, o realment passava el que jo sentia, el que jo veia? Quina maror de gent! quin embull de carruatges! quin desacord més infernal de trompetes i timbalots i de sorolls de llaunes! Quines corredisses de gent esverada fugint dels cavalls! quines coloraines més mal casades i quins vestits més extravagants! quines cares més monstruoses d'expressió, de color, de magnitud! Quina manera d'apedregar-se, els dels balcons i els d'aquells carros immensos que per baix passaven! Quina cridòria més espantosa entre la immensa negror de gent! Quins xiscles i quines rialles més estúpidament forçades! I quin contrast amb la quietud i la circumspecció del manicomi!

Amb les impressions d'aquella tarda havia ja oblidat que era carnestoltes, i arribàvem a la Rambla quan començava a desfer- se la Rua. Tot Barcelona s'havia dat cita en aquella ex-

»Ist der verrückt?«

Wir meinten damit einen Mann mit einem Handkarren, der mitten auf den Schienen ging und unsere Straßenbahn zwang, ihm eine ganze Weile im Schritttempo zu folgen. Wenn wir schwiegen, geschah es nur, weil sich in unserem Innern ein Gewirr verrückter Gedanken überstürzte. Und gerade hatte uns Onofre da drinnen (wie ihr selbst gesehen habt) eine Lehre in Besonnenheit erteilt.

Schließlich riss uns ein heftiger Stoß aus unseren Betrachtungen. Wir waren auf der Rambla angekommen. Unmöglich ist es mir, euch den Schrecken zu beschreiben, der mich durchfuhr, als ich auf die Plattform trat. Sah ich ein Wahnbild? Hatte ein furchtbarer Irrsinn mir das Gehirn verdreht oder geschah wirklich, was ich hörte und sah? Was für ein Menschengewühl! Was für ein Durcheinander von Kutschen! Was für eine höllische Dissonanz von Trompeten, Trommeln und scheppernden Blechdosen! Was für ein panisches Gerenne der vor den Pferden flüchtenden Menschen! Wie grell waren die Farbkombinationen und wie ausgefallen die Kleidung! Was für monströse Fratzen waren die schrecklich geschminkten und sich bedeutsam gebenden Gesichter. Welch eine Art, sich von den Balkonen und den darunter vorbeiziehenden riesigen Wagen gegenseitig mit Sachen zu bewerfen! Welch ein schreckliches Getöse in der unüberschaubaren schwarzen Menschenmenge! Welch ein Geschrei, welch ein dümmlich krampfhaftes Lachen! Und welch ein Kontrast zu der Ruhe und Umsicht in der Irrenanstalt!

Nach den Eindrücken von heute Nachmittag hatte ich ganz vergessen, dass heute Karneval gefeiert wurde. Wir waren auf der Rambla gerade in dem Augenblick angekommen,

tensa avinguda per fer bogeries o divertir-se amb les dels altres. Eren les dues centes mil persones que s'havien tret de prop aquell grapat d'infeliços que tan moixos estaven en el manicomi.

Ni ho volguí mirar. Amb una estreta de mà vaig acomiadar-me del company, i, apressant el pas cap a casa, em preguntava maquinalment:

–On són, els boigs?
I vaig trigar uns quants dies a comprendre que aquella tarda ho era més jo que tots plegats. Com volíeu que jo ho esbrinés? ...

als der Maskenzug sich auflöste. Ganz Barcelona gab sich auf der langen Allee ein Stelldichein, um Unsinn zu machen oder sich an dem der anderen zu vergnügen. Genau jene zweihunderttausend Menschen hatten sich aber die Handvoll Unglücklicher vom Leibe gehalten, die nun in der Irrenanstalt ein so betrübliches Dasein fristeten.

Ich konnte das nicht mit ansehen. Mit einem Händedruck verabschiedete ich mich von meinem Begleiter. Während ich schnellen Schritts nach Hause ging, wiederholte ich mechanisch immer wieder die Frage:

»Wer ist eigentlich verrückt?«

Ich brauchte ein paar Tage um einzusehen, dass ich an jenem Nachmittag verrückter war als alle zusammen. Wie sollte ich also jemals die Antwort herausfinden? ….

Uns funerals

(Impressió a cop calent)

Els diaris havien anunciat, matí i tarda, els funerals de la meva amiga.
Havia abandonat, pobreta!, el món al bo de la vida, quan tot li somreia, quan començava a fer-la indispensable la maternitat.

Deixava dues nenes i un nen, tots tres encara en la infantesa. Pobrissons! cap d'ells sabia el que havien perdut! El dia de la mort plovia. La nena gran digué que la seva mamà plorava des del cel, i es posà a plorar. Més tard els emprovaren vestides nous, que, amb tot i ésser negres, trobaren bonics. No anaren al col·legi. Els compraren joguines, veieren moltes visites que se'ls menjaven a festes, i els distragueren. La idea de l'absència eterna, d'aqueixa buidor esglaiadora que deixa la mort a son entorn, no cabia en aquells cervellets. La mort era per a ells una paraula antipàtica, esgarrifosa; no un fet conegut, ni tan sols una idea.

Dues campanes de to desafinat i planyívol (l'una brandant a la desesperada com plor desfet, l'altra deixant sols escapar de tant en tant una batalla pregona, sanglot traïdor de l'afli-

Ein Begräbnis
(Ein noch ganz frischer Eindruck)

Die Zeitungen hatten in der Morgen- und Abendausgabe das Begräbnis meiner geschätzten Freundin angezeigt. Der Tod hatte sie in der Blüte ihrer Jahre hinweggerafft, als das Leben ihr gewogen schien und eine noch junge Mutterschaft sie gerade unentbehrlich gemacht hatte.

Sie hinterließ zwei Mädchen und einen Jungen, alle drei im zarten Kindesalter. Die Armen! Sie verstanden noch nicht, was sie verloren hatten. An dem Tag, als ihre Mutter starb, regnete es. Das ältere Mädchen sagte, dass seine Mama aus dem Himmel weine und begann selbst zu weinen. Später wurden die Kinder neu eingekleidet. Obwohl die Kleidungsstücke schwarz waren, gefielen sie ihnen. Sie gingen nicht zur Schule. Man kaufte ihnen Spielsachen, viele Besucher kamen, die sie herzten und küssten und sie ablenkten. Die Vorstellung von der ewigen Abwesenheit, jener schauerlichen Leere, die der Tod um sich verbreitet, passte noch nicht in ihre kleinen Köpfe. Der Tod war für sie ein unangenehmes, schreckliches Wort, keine bekannte Tatsache, nicht einmal eine Vorstellung.

Zwei gänzlich verstimmte, klagende Glocken (die eine verzweifelt bimmelnd wie ein aufgelöstes Weinen, die andere nur hin und wieder einen tiefen Schlag von sich gebend,

git que no gosa plorar) ens cridaven d'amagada altura. El vidu i l'aclaparada mare no les sentien fins en baixar del cotxe, al peu de l'església. Llavors s'escapà del primer una llàgrima, que es fongué en les gemades galtes de sos fillets, als que besà tot rebent-los de la portella.

L'escena m'infongué tal respecte que vaig retirar-me per no ésser vist.

Corregueren les nenes a agafar les mans de la decandida àvia; el pare prengué fortament la del noi. Entraren en el temple.

Poc després parava un altre cotxe, i encara un altre, del qual baixaren germans del vidu i de la difunta, oncles, ties, cosins, tota una tribu endolada de cap a peus. I tot això sota un cel rialler, entre el terratrèmol d'un carrer que vessava animació i eixordava de soroll.

El temple era fosc. Per sa grandiosa nau es gronxava una boira de gris destenyit, barreja misteriosa d'ordits de sol emmascarats per les cortines que travessaven, de reflexos negrosos que llançaven ací i allà els draps de dol per tot estesos, de polsina esblaimada en suspensió, del flameig groc de les atxes i del blavenc dels lacrimatoris que llengüejaven sense fer llum. Al fons del presbiteri, entre les constel·lacions d'aromes d'or que a diversa alçària sostenien, encesos, simètrics salamons, blanquejava la imatge del Crucificat, el rostre emboscat en la negra cabellera que li penjava front avall, els braços estesos, el cos rendit alçapremant els genolls. ... I a baix, res-

wie den verstohlenen Schluchzer eines das Weinen unterdrückenden Trauernden) riefen uns aus unsichtbarer Höhe. Der Witwer und die schmerzgebeugte Mutter der Toten hörten sie nicht, bis sie aus dem Wagen stiegen, der am Fuß der Kirche hielt. Da konnte der Mann eine heimliche Träne nicht zurückhalten; sie zerschmolz auf den glatten Wangen der Kinder, als er sie vor dem Portal in die Arme nahm und küsste.

Die Szene bewegte mich so tief, dass ich mich zurückzog um nicht gesehen zu werden.

Die Mädchen liefen zur bleichen Großmutter und nahmen sie bei der Hand; der Vater drückte fest die des Jungen. So betrat die Familie die Kirche.

Kurz darauf hielt ein weiterer Wagen und dann noch einer. Ihnen entstiegen die Brüder des Witwers und der Verstorbenen, Onkel, Tanten, Vettern, ein ganzer von Kopf bis Fuß schwarz gekleideter Trupp. Und das alles unter einem strahlenden Himmel, im Tumult einer belebten Straße mit betäubendem Lärm.

Die Kirche war dunkel. In dem hohen Schiff hing ein blassgrauer Nebelschleier, ein geheimnisvolles Gespinst der gedämpft durch die Vorhänge brechenden Sonnenstrahlen, der von dem überall ausgebreiteten Trauerflor geworfenen schwarzen Reflexe, des fahlen hochgewirbelten Staubs, des gelben Waberns der Fackeln und der weißen Totenlichter, die blakten ohne Helligkeit zu spenden. In der Tiefe des Chors, zwischen den regelmäßig angeordneten goldenen Quasten, an denen in unterschiedlicher Höhe symmetrische Lüster mit brennenden Kerzen hingen, schien weißlich das Bild des Gekreuzigten, das Antlitz unter dem schwarz über die Stirn fal-

saltant del negre pedestal, en lletres blanques, romanes i molt grosses, aquest text de Sant Joan:

«OMNIS QUI VIVIT ET CREDIT IN ME
NON MORIETUR IN ETERNUM.»

Darrera meu començà a entrar una multitud elegant. Les dames es col·locaren a un costat; els senyors a l'altre. Llurs figures s'esborraven, es confonien amb la fosca. El negre tapís del sòl ofegava el trepig, i, de tota aquella gernació, hom sols n'albirava els rostres que jo veia avançar, entre tenebres, com cendroses clapes que anaven després afilerant-se en llargues i espesses rengleres.

Per força, tota aquella pompa de tristíssima impressió, degué compondre-la un artista, perquè penetrava, sobtava l'esperit, i el feia somiar amb quelcom paregut a la buidor i silenci dels sepulcres. Apareixien en la pensa, sense voler, elucubracions íntimes sobre els tremebunds secrets d'ultratomba.

Sí, era trist, aclaparador fins per a fer meditar el més frívol. I, malgrat això, el públic no trigà a parlar. Com si les veus eixissin de la trompeta del Judici, bastaren els primers acords de la invisible orquestra perquè els esperits tornessin a la vida, els cossos tots s'espolsessin el pes de mort que els tenia sòpits. Hi hagué un remoreig general. L'alè retingut s'exhalà per tots cantons amb tos trencades. En la bandada de senyores tot fo-

lenden Haar verborgen, die Arme ausgebreitet, der Körper eingesackt und nur durch die zusammengepressten Knie gehalten. ... Darunter leuchtete auf einem schwarzen Sockel in weißen, römischen, sehr großen Buchstaben der bekannte Spruch des heiligen Johannes:

»OMNIS QUI VIVIT ET CREDIT IN ME
NON MORIETUR IN ETERNUM.«

Hinter mir füllte die Kirche sich allmählich mit einer eleganten Menschenmenge. Die Damen nahmen auf der einen Seite Platz, die Herren auf der anderen. Ihre Gestalten verschwammen und verschwanden in der Dunkelheit. Der schwarze Teppich auf dem Boden schluckte die Schritte und von der ganzen Schar waren nur die Gesichter wahrzunehmen, die ich in der Düsternis wie aschfahle Flecken herankommen und sich darauf in langen, dichten Reihen anordnen sah.

Es konnte gar nicht anders sein, als dass ein Künstler diese tieftraurige, feierliche Pracht inszeniert hatte; denn sie berührte im Innersten, überwältigte den Geist und ließ ihn wie im Traum eine grabesgleiche Leere und Stille erfahren. Unwillkürlich kehrten die Gedanken ein zu Meditationen über die schauerlichen Geheimnisse des Jenseits.

Ja, es war traurig, niederschmetternd und dazu geeignet, noch den frivolsten Menschen nachdenklich zu machen. Und trotzdem dauerte es nicht lange, bis die Anwesenden zu sprechen begannen. Als kämen die Stimmen aus den Trompeten des Jüngsten Gerichts, genügten die ersten Akkorde des unsichtbaren Orchesters, um die Geister zum Leben zu erwecken und von den Körpern das Gewicht des Todes abzu-

ren xiu-xius. Davant meu, dos senyors, ja calbs, es saludaren, i, arronçant les espatlles, l'un exclamà:

–Què hi farem! ... Si l'Enric no m'hi veiés ...

–És clar. ... I cregui que a mi també em venia ben malament. Avui firmem aquella escriptura: sap?

Un altre, de darrera, en to d'enuig:
–No sé per què ara l'han donada a fer els funerals amb música: no s'acaba mai! ...
Oh! i avui! –responia son interlocutor–. Solament per a oferir passarem una hora: no veu, quin gentiu?

–Així continuaren uns i altres; però em destorbaren de sentir-los els dos joves del meu costat, que seguien atentament l'orquestra i el cant pla, per riure's ara de les desafinacions i mansuetuds de l'una, ara del desguitarrament de l'altre.

I jo, que havia estimat la difunta, m'escruixia, pensant què significava, doncs, tota aquella concurrència, de què servia tot aquell art tan feliçment aconseguit, si, llevat de l'afligida família, cap dels concurrents no es recordava de la morta ni pregava per ella.

En eixir, veient-me molt capficat, un amic meu, a qui tinguí la flaquesa de comunicar mos planys, va respondre'm tot sorprès:

schütteln, das sie bedrückt hatte. Man vernahm ein allgemeines Gemurmel. Der zurückgehaltene Atem brach nun von allen Seiten als abruptes Hüsteln los. Auf der Seite der Damen wurde überall geflüstert. Vor mir begrüßten sich zwei schon kahlköpfige Herren. Achselzuckend seufzte der eine:

»Was soll man da machen! Wenn Enric mich hier nicht sehen würde …«

»Ja, so ist es. … Sie können mir glauben, auch mir hat es zeitlich gar nicht gepasst. Wir müssen heute nämlich den Notarvertrag unterschreiben, wissen Sie?«

Dahinter ein anderer in verärgertem Tonfall:

»Ich frage mich, warum es jetzt Mode geworden ist, bei den Begräbnissen Musik zu spielen. Das hört ja nie auf! …«

»Na, und heute erst recht nicht!« antwortete sein Gesprächspartner. »Allein um zu kondolieren werden wir eine Stunde brauchen. Sehen Sie nur, wie viele Leute!«

So ging es weiter, bei den einen und bei den anderen. Mich störten vor allem die beiden jungen Männer neben mir. Sie folgten aufmerksam dem Orchester und dem gregorianischen Gesang, aber bloß um sich mal über die falschen Töne und die Temperamentlosigkeit der Instrumente, mal über das Durcheinander der Stimmen lustig zu machen.

Ich, der ich die Verstorbene wirklich gern gehabt hatte, erschauerte bei der Überlegung, was dieser ganze Menschenauflauf überhaupt zu bedeuten hatte, wozu die so kunstvoll angelegte Veranstaltung gut war, wenn außer der trauernden Familie keiner der Gäste an die Verstorbene dachte oder für sie betete.

Beim Hinausgehen hatte ich die Schwäche, mein Bedauern einem Freund anzuvertrauen, der bemerkt hatte, dass ich ganz in mich versunken war. Er erwiderte völig erstaunt:

–Doncs, què volies? Per qui et penses hi anem, als funerals? Pels vius, home; pels que es queden.

I encara no se m'havia esborrat l'expressió de tristesa que una resposta tan neta em pintà a la cara, quan continuà l'amic, amb veu molt eixerida:
Vaja, vols venir a esmorzar al Tibidabo? Mira, hi anem una colla. A la cantonada ens espera el brec.

No sé que vaig respondre, però recordo que, en acomiadar-me d'ell i travessant per la negror de la concurrència que formiguejava a la porta del temple, sols sentí veus que es citaven per al teatre, que parlaven de flocs i botigues, o que tiraven floretes a les dones boniques. Vaig mirar al cel, i el cel reia; vaig baixar la vista, i el carrer sobreeixia de cotxes i cavalls i de gent atrafegada.

»Ja, was hast du denn erwartet? Für wen gehen wir denn auf ein Begräbnis? Natürlich für die Lebenden, Mann, für die Hinterbliebenen.«

Noch war der von seiner unverblümten Antwort hervorgerufene traurige Ausdruck nicht aus meinem Gesicht gewichen, als der Freund mit munterer Stimme fortfuhr:

»Hör mal, willst du nicht zum Frühstücken mit uns auf den Tibidabo kommen? Wir sind schon ein nettes Grüppchen. An der Ecke wartet ein offener Break auf uns.«

Ich weiß nicht mehr, was ich geantwortet habe, aber ich erinnere mich noch, dass ich nach dem Abschied von ihm beim Durchqueren der vor der Kirchentür wimmelnden schwarzen Menge nur Stimmen gehört habe, die sich fürs Theater verabredeten, von Seidenfransen und Läden sprachen oder den hübschen Frauen Komplimente machten. Ich blickte zum Himmel und der Himmel lachte; ich senkte den Blick und die Straße brauste von Wagen, Pferden und vorbeihastenden Menschen.

La primera pedra

I

Noi, em véns com l'anell al dit! –exclamà en Pep, tot arrambant son carretó, carregat de sarges, al bordó mateix de la Virreina.

–I això? –respongué en Llorençó encaixant amb son amic.

–Què? Que ja et tinc dos parroquians. El que et vaig dir l'altre dia: jo de diners, pobre de mi, no te'n podré dar, ni tan sols bestreure, perquè amb prou feines passem amb el meu jornal de mosso de magatzem: ara, parròquia, molt serà! A l'escriptori de l'amo vénen molts dependents de comerç; la dona, com ja saps, fa dissabtes a la dispesa del nostre carrer, que sempre és plena d'estudiants ... i, mira, d'allí t'he tret els dos parroquians de què et parlo.

–S'aprecia, noi, s'aprecia ... però no em puc comprometre. Ja saps el que et tinc dit: desigs de treballar, i sobretot pel meu compte, no me'n manquen; però com vols que ho faci? Tot just ara s'obre la temporada d'estiu; al basar no ens entenem de feina ... Veus? això mateix que duc al braç és una partida d'armilles que he hagut de tallar a casa, ahir a la nit, perquè a l'hora de plegar no vaig poder acabar la tasca. ... Vull dir

Der Grundstein

I

Junge, du kommst mir wie gerufen!« rief Pep und zog seinen mit Säcken beladenen Karren an den Bordstein der Rambla, direkt vor die imposante Barockfassade des Palau de la Virreina.

»Ach, ja?« antortete Llorençó und begrüßte seinen Freund mit Handschlag.

»Ja, stell dir vor, ich habe schon zwei Kunden für dich. Du weißt ja, was ich dir gesagt habe: Geld kann ich armer Schlucker dir nicht geben, nicht einmal leihen. Mit meinem Lohn als Lagerarbeiter kommen wir wirklich nur knapp über die Runden. Aber Kundschaft kann ich dir reichlich beschaffen! Ins Kontor meines Brotherrn kommen viele Verkaufsangestellte und meine Frau putzt in der Pension auf unserer Straße. Die ist immer voll mit Studenten. ... Tja, und da habe ich dann die beiden gerade erwähnten Kunden gefunden.«

»Das ist wirklich sehr nett, wirklich ... aber ich kann nichts versprechen. Du kannst mir glauben, Lust zu arbeiten habe ich mehr als genug, erst recht wenn ich mein eigener Herr wäre. Doch wie soll ich das anstellen? Gerade jetzt beginnt die Sommersaison. Im Laden wächst uns die Arbeit über den Kopf. ... Hier unter dem Arm trage ich einen Posten Westen, die ich gestern Abend zu Hause zuschneiden musste,

que no tinc ni un minut per a mi, no tampoc prou diners per a caminar sol.

–Home! així no en sortirem mai: qui no posa no treu. Cal tenir sempre empresa i pit. Mira, el meu amo desembarcava carbó a la riba del port de l'Havana; i ara ja veus si en té, de moneda, que n'hi ha per al pare i per a la mare. ... El mal és que jo tinc massa família, per a fer francesilles ... que si fos sol com tu ...

–Bé, sí: tu parles com un llibre; però el cas és que tant se val: no tinc temps ni diners per a comprometre'm: quedaria malament, i és un mal començar. ... Veuràs: es portaran la roba? Si ells la porten i no van de pressa, els ho faré a estones perdudes. És tot el que et puc dir. I creu que em dol.

–Ca, sant cristià, ca! això no. Veus que son estudiants? Ben segur que els diners no els tocaran fins que tinguin els vestits. Però, ei! aleshores sí. La dispesera en respon: diu que son bons minyons. Oh! això és lo primer que vaig preguntar a la de la casa. És que corren uns alets, en aquesta trepa de *senyuritus* que segueixen estudis, que, si et giren l'esquena, ja els has vist prou la *sombra* i t'han fos tota la *plata* dins d'una tronera de billar. ... Però, vaja, això no ve al cas: aquells son bons nois. Es volen fer dos vestits negres per al dol d'una germana que acaben de perdre, i vol dir que, amb els amics que tens, bé podràs trobar qui et bestregui una vintena de duros per uns quants dies, home!

weil ich bis Feierabend nicht fertig geworden war. Das heißt, ich habe keine einzige Minute für mich und auch nicht genug Geld, um mich selbstständig zu machen.«

»Mann, so wird das nie was: Wer nicht wagt, der nicht gewinnt. Man muss immer Unternehmergeist und Zuversicht haben. Guck mal, mein Brotherr war Schauermann, hat im Hafen von Havanna die Kohlenschiffe entladen. Und jetzt, sieh ihn dir an, der hat Geld wie Heu. ... Das Dumme ist, ich muss eine Familie mit vielen hungrigen Mäulern ernähren, ich kann keine großen Sprünge machen ... Doch wenn ich alleinstehend wäre wie du ...«

»Ja, du hast gut reden. Es ist aber auch egal. Ich habe einfach keine Zeit und kein Geld um eine Verpflichtung einzugehen. Ich würde einen schlechten Eindruck hinterlassen und das wäre kein guter Anfang. ... Höchstens, wenn ... Würden diese Leute den Stoff vielleicht selbst besorgen? Wenn sie den Stoff mitbringen und keine Eile haben, würde ich ihnen die Anzüge zwischendurch nähen. Mehr kann ich dir nicht versprechen. Und glaub mir, es tut mir aufrichtig leid.«

»Oh nein, heiliger Strohsack! Das nun wirklich nicht. Es sind doch Studenten. Ganz bestimmt bekommen sie das Geld für die Anzüge nicht, bevor die fertig sind. Aber dann auf jeden Fall. Die Vermieterin bürgt für sie. Sie sagt, es sind anständige Jungen. Na, das habe ich die Pensionswirtin doch zuallererst gefragt. Da gibt es natürlich Schlitzohren in dieser Bande der feinen Herren *Studiosi*. Hast du nicht gesehen sind ihre Moneten im Loch eines Billardtisches verschwunden. ... Nun ja, das ist hier zum Glück nicht der Fall. Das sind wirklich zuverlässige Burschen. Sie wollen sich wegen eines Trauerfalls zwei schwarze Anzüge machen lassen, sie haben eine Schwester verloren. Ich meine, du wirst doch wohl unter

En Llorençó arronsà les espatlles com mig convençut, mig dubtós. Després abaixà els ulls en actitud reflexiva, tot entretenint-se a clavar millor una agulla del mocador de color de pansa amb que duia embolicada la feina.

–Bé, doncs: quedem entesos? eh? Demà te'ls presento a casa teva a l'hora de dinar.

El fadrí sastre féu una volta amb les espatlles, dos o tres moviments com els de l'au que no gosa emprendre el vol, i, visiblement encaparrat, allargà la mà a son amic. Aquest, empenyent de nou son carretó, començà a cridar –Ep! ep! –a fi que s'apartés una minyona de servei que estava parlant amb un caporal d'artilleria; però no tingué temps, aquella, de veure's a dalt de la vorera per obra i gràcia de son ben plantat galant, que ja en Pep, deixant altra volta el carretó, corria darrera del sastre, que havia emprés el camí oposat.

–Escolta, Llorençó! per falta de temps no te'n desdiguis: la Roseta t'ajudarà: sents?

En aquell moment tocava un quart de deu. Un i altre havien fet tard, i tiraren pel respectiu indret apressant el pas. El mosso repetia son –Ep! ep! –per avisar ja els cotxes que li abocaven els cavalls a les rodes del carretó, ja els carreters que, tot fent esses amb llurs carros, se li entrebancaven a cada pas del camí, ja la gent de peu que, travessant esverada entremig del terratrèmol de carruatges grans, no s'adonaven d'aquell caixó amb rodes que els posava en perill les cames. En Llorençó, mentrestant, serpentejava amb llestesa per entre la

deinen Freunden jemanden finden, der dir für ein paar Tage so um die zwanzig *Duros* leihen kann, Mann!«

Llorençó zuckte halb überzeugt, halb zweifelnd mit den Achseln. Dann senkte er nachdenklich den Blick und war eine Weile damit beschäftigt, eine gelöste Nadel in dem dunkelbraunen Tuch zu befestigen, das er um die zugeschnittenen Westen geschlagen hatte.

»Also, einverstanden? He? Morgen Mittag komme ich mit den beiden zu dir nach Hause und stelle sie dir vor.«

Der junge Schneider zog die Schultern nach hinten, zwei oder drei mal, wie ein Vogel, der sich nicht zu fliegen getraut, dann streckte er, sichtlich besorgt, seinem Freund die Hand hin. Der schob mit seinem Handkarren los, laut »Achtung! Achtung!« rufend, damit ein mit einem Artilleriekorporal schäkerndes Dienstmädchen ihm aus dem Weg ging; doch das hatte kaum Zeit, sich mit Hilfe seines feschen Galans auf den Bürgersteig zu retten, als Pep den Karren noch einmal abstellte, um hinter dem Schneider herzulaufen, der die andere Richtung eingeschlagen hatte.

»Hör mal, LLorençó! Nur aus Zeitmangel sag nicht ab. Die Roseta hilft dir, verstehst du?«

In diesem Moment schlug es viertel nach neun. Beide Freunde waren spät dran und zogen eilig jeder in seine Richtung. Der Bursche wiederholte sein »Achtung! Achtung!« um einerseits die Kutschen zu warnen, die mit ihren Pferden den Rädern des Karrens zu nahe kamen, andererseits die Kutscher, deren Droschken ihm mit ihrer Herumkurverei dauernd den Weg versperrten, oder die Fußgänger, die zwischen dem Gewühl von großen Fahrzeugen verschreckt die Straße überquerten und den Kasten auf Rädern, der ihre

multitud desenfeinada que matava el temps a la Rambla de les Flors, recreant d'un cop l'olfacte i la vista en la munió de toies que adornaven un cantó del passeig i embalumaven tot l'espai amb llur fragància.

II

Eren dos quarts de dues de la tarda, quan en Pep, acompanyat dels dos estudiants, trucava a la porta d'en Llorençó.

El bon sastre els rebé amb la més humil rialleta, i, mig avergonyit, mig temorós, de l'efecte que els podia causar la pobresa del pis, els féu entrar a la saleta, cambra o dormitori que en la dispesa ocupava. No anava pas gaire errat, en Llorençó, en témer una impressió dolenta, perquè tal fou la rebuda pels estudiants, que, de no veure's acompanyats i retenir-los la por que en Pep s'ho prengués a mal, s'entornen ben de pressa.

Verament, aquelles parets sense un quadro de figurins ni una rastellera d'elegants prestatges farcits de peces de roba per a triar, causaven no poca desconfiança als primers parroquians. Prou els havia dit en Pep que aquell sastre no tenia establiment encara, i que per això els serviria baratet, però ells, de totes maneres, s'havien imaginat trobar-se en un taller més o menys luxós: jamai topar amb un senzill obrer que, per tot senyal d'ofici, mostrava en la solapa de la polsosa americana una constel·lació d'agulles, i, al peu del balcó d'aquell pobre

Beine in Gefahr brachte, gar nicht beachteten. Währenddessen schlängelte sich Llorençó wendig durch die dahinschlendernde Menge, die ihre Zeit auf der Rambla de les Flors totschlug. Seine Nase und sein Auge lebten auf unter der Fülle von Blumensträußen, die den Flanierstreifen der Allee säumten und die Luft mit ihrem Duft erfüllten.

II

Pünktlich um halb zwei stand Pep in Begleitung der beiden Studenten vor Llorençós Tür.

Der verlegene Schneider empfing sie mit einem demütig um Entschuldigung bittenden Lächeln und bat sie, halb beschämt, halb besorgt um die Wirkung seiner ärmlichen Behausung in das Zimmer, wo er zur Untermiete lebte, das ihm Wohn- Ess- und Schlafzimmer zugleich war. Llorencó hatte nicht ganz unrecht, wenn er eine negative Reaktion befürchtete, denn die Studenten wären auf der Stelle wieder umgekehrt, wenn sie allein gewesen wären und die Sorge, dass Pep es ihnen übel nehmen könnte, sie nicht zurückgehalten hätte.

Die kahlen Wände ohne Modezeichnungen und ohne elegant aufgereihte Regale mit Stoffproben zur Auswahl weckten in den ersten Kunden erhebliches Misstrauen. Pep hatte ihnen zwar ausführlich erklärt, dass der Schneider noch keine eigene Werkstatt besaß und dass er sie deshalb billig bedienen würde, doch sie hatten trotzdem eine mehr oder weniger luxuriös ausgestattete Schneiderei erwartet und nicht einen einfachen Arbeiter, dem als einziges Zeichen seines Berufs im Kragen seines staubigen Jacketts ein paar Nadeln steckten.

estatge, un vetllador de fusta blanca sembrat de retalls, rodets, estisores, cimolses i botons, que semblaven fullaraca despresa de l'untós i fumat quinqué de petroli que del mig s'aixecava, amb el seu pàmpol, com un arbret raquític.

Sobretot, el més jovenet dels estudiants no sabia avenir-se amb la idea de no poder triar figurí i de seguir encara essent camp de maniobres del primer sobrevingut. Durant sa infantesa havia anat sempre vestit per l'estisora de sa mare, i, quan la creixença vingué a complicar el tall de ses costures, el sastrinyoli de son poble fou qui, per espai de cinc o sis anys, estudià inútilment, a la seva esquena la manera d'assentar un coll o unes muscleres sense bosses. Amb son desig d'aparèixer tan home com es sentia interiorment, allò s'havia d'acabar. Però pel que es veia, no n'eixiria mai; perquè ja l'únic vestit que li havien comprat a Barcelona, a entrar a la Universitat, no era fet a prova, sinó adquirit en un basar, i ara, la primera volta que podia manejar-se sol i anar a son gust, ara queia a mans d'un aprenent o d'un sastre de recó! ...

Pel que diu al gran, ja era una altra cosa. És cert que no pujà gaire de bon grat els noranta i tants graons que separaven del pla de terra aquell quart pis; és cert també que sentí la fredor del desengany en trobar-se en aquell humil recó de l'obrer que tan poc revelava l'ofici de son amo; però al cap de dos minuts ja no hi pensava. El bon xicot era músic de bona fusta: sentia per son cervell un brunzit constant de cants, ja endor-

Vor dem Balkonfenster der bescheidenen Wohnung stand ein weißes Holztischchen, übersät mit Stoffresten, Garnrollen, Scheren, Falzbändern und Knöpfen. Sie lagen herum wie herabgefallenes Laub der öligen, rauchschwarzen Petroleumlampe, die in der Mitte des Tisches mit ihrem Schirm wie ein verkümmertes Bäumchen stand.

Vor allem der Jüngere der beiden Studenten fand sich schwer damit ab, kein Modell aussuchen zu können und anscheinend immer noch Versuchskaninchen des erstbesten Schneiders sein zu müssen. In seiner Kindheit wurde er immer von der Schneiderin seiner Mutter eingekleidet. Als er heranwuchs und der Zuschnitt seiner Anzüge komplizierter wurde, war es der arme Dorfschneider, der fünf oder sechs Jahre lang vergeblich versuchte, einen Kragen oder ein Schulterstück ohne Stoffbeulen am Rückenteil anzunähen. Das musste aufhören, denn er wollte so männlich aussehen, wie er sich fühlte. Doch so wie es schien, würde nie etwas daraus. Der erste Anzug, den man ihm in Barcelona gekauft hatte, als er mit dem Studium anfing, war nicht maßgeschneidert, sondern aus einem Kaufhaus. Und jetzt, wo er zum ersten Mal allein und nach seinem Belieben entscheiden konnte, musste er wieder in die Hände eines Lehrlings oder irgendeines Pfuschers fallen! ...

Was den Älteren betraf, lag die Sache anders. Zwar war er nicht gern die mehr als neunzig Stufen vom Erdgeschoss bis in den vierten Stock gestiegen; zwar schlug auch ihm kalt die Enttäuschung entgegen, als er sich in dieser bescheidenen Arbeiterbehausung wiederfand, die so wenig vom Beruf ihres Bewohners verriet, doch nach zwei Minuten war das vergessen. Der junge Mann war Musiker und aus gutem Holz ge-

miscats en la memòria, ja embolcallats en el núvol desperfilat de l'embrionari, ja vius com si en aquell moment els hi xiulessin a l'orella; i son enteniment, d'ordinari, i en aquell instant també, es deixava bressar pel vaivé de les ondes sonores, o, si voleu, pels cels.

Per fi tot s'arreglà. El petit portà la batuta, explicant al sastre el que ell volia, i fins el que ni volia ni deixava de voler son germà gran: la moda era dur els pantalons ben amples, acampanats, i, si el dol ho consentia, amb una cinta de seda negra, imitant franja, de dalt baix de la cama.

El sastre comprengué, per aquest detall, amb qui se les havia, i, rodant el cap, manifestà que el dol no permetia consemblants guarnits. El xitxarel·lo continuà recomanant que el jaqué tingués el coll ben ample i assentat; que l'armilla fos sense solapes i baixa perquè el coll de la camisa pogués ésser ben escotat. En Llorençó, tot prenent les mides de l' esquena, somreia i responia al desig d'aquelles exageracions amb un – Descansi, descansi –que valia tant com un –No es queixarà de mi: ja sé amb qui tracto. –I mentrestant, el futur músic, distretament assegut davant d'en Pep, passejava la vista per l'embigat i gronxava la cama dreta a cavall de l'esquerra.

Per fi, en LLorençó prengué la mida al més gran, i, seguint els desigs del petit, quedaren que faria els dos vestits per qua-

schnitzt. In seinem Kopf summten dauernd Lieder, die halb vergessen dahingedämmert hatten oder noch embryonal in eine undeutliche Wolke gehüllt waren, und dann mit einem Mal Gestalt annahmen, als hätte man sie ihm ins Ohr gepfiffen. Sein Verstand wiegte sich gewöhnlich, und so auch in jenem Augenblick, im Auf- und Abbrausen der Klangwellen, oder, wenn man so will, in himmlischen Gefilden.

Schließlich wurde man sich einig. Der Kleine machte den Wortführer und erklärte dem Schneider seine Wünsche, ja sogar, was er nicht wünschte und auch seinen älteren Bruder nicht wünschen ließ. Die Mode verlangte weit ausgestellte Hosenbeine, und, wenn die Trauer es erlaubte, sollten sie seitlich von oben bis unten mit einem Seidenband besetzt sein.

Bei diesem Ansinnen wusste der Schneider sogleich, mit wem er es zu tun hatte, und erklärte, den Kopf schüttelnd, dass solche Ornamente bei Trauerkleidung nicht schicklich seien. Der kleine Geck brachte noch weitere Vorstellungen an: dass das Jackett einen breiten, aufliegenden Kragen haben sollte, die Weste aber keine Aufschläge, dafür einen tiefen Ausschnitt, damit man viel vom Hemdkragen sah. Llorenço maß die Rückenlänge, lächelte und beantwortete die ausgefallenen Wünsche mit den Worten: »Seien Sie unbesorgt, seien Sie unbesorgt«, was so viel hieß wie: »Verlassen Sie sich auf mich. Ich weiß genau, worauf es Ihnen ankommt.« Währenddessen ließ der Pep gegenübersitzende angehende Musiker seinen Blick über das Deckengebälk schweifen, wobei er mit dem Fuß des übereinandergeschlagenen rechten Beins wippte.

Endlich nahm Llorençó auch beim älteren Bruder Maß, dann verblieben sie den Anordnungen des jüngeren gemäß,

ranta duros, posant-hi el sastre la roba, que seria un bon *elasticotín*. El diumenge següent podrien tornar-hi per emprovar.

–O sinó –digué el sastre repensant-se un xic– més valdrà que no tornin: ja aniré jo a casa de vostès a fer l'emprova.

–Bé, doncs, quedem per a diumenge –féu el gran emprenent el camí de la cuina pel de la porta.

–No: cap a la dreta! advertí en Pep.
–Espera't, home, espera't –cridà el petit, mortificat per aquella pressa. I, girant-se cap al sastre, afegí: Bé, diumenge, però a quina hora? … A les deu: eh? … ja ens trobarà.

El gran, mentrestant, baixava boi a les palpentes l'escala, tot cantant – «*Maria, Maria, cara sorella mia!*» – I ja havia baixat, el petit, fins al primer replà, que seguia recomanant al sastre que l'armilla fos sense solapes i baixa, i els pantalons ben amples i acampanats.

Aquestes gansoneries foren causa que en Llorençó arribés altra volta tard al taller. L'amo, que no sabia per quin cantó girar-se de feina, el renyà durament, i en Llorençó, que per sa part es veia ja en camí d'obtenir la desitjada independència, es deslligà la llengua i es donà per acomiadat.

dass der Schneider zwei Anzüge für vierzig *Duros* anfertigen würde, wobei der Stoff, ein gutes *Elasticotin*, im Preis inbegriffen war. Am kommenden Sonntag sollten die Herren zur Anprobe kommen.

»Oder besser noch«, besann sich der Schneider schnell, »ersparen Sie sich den Weg. Ich werde zur Anprobe zu Ihnen nach Hause kommen.«

»Sehr gut, dann sehen wir uns also am Sonntag«, bemerkte der Ältere, schon im Aufbruch, wobei er den Ausgang mit der Küchentür verwechselte.

»Nach rechts«, half Pep.

»Warte doch«, rief der Jüngere, dem die plötzliche Eile gar nicht passte. Zum Schneider gewandt fragte er: »Gut, Sonntag, aber um wie viel Uhr? ... Um zehn? Ja? ... Den Weg werden Sie ja wohl finden.«

Währenddessen stieg der Ältere bereits im Dunkeln tastend die Treppe hinunter und sang dabei laut »*Maria, Maria, cara sorella mia!*«. Der Jüngere war nun auch schon bis zum ersten Treppenabsatz gekommen, ermahnte den Schneider aber immer noch, dass die Weste ohne Aufschläge und tief ausgeschnitten sein sollte und die Hosenbeine weit und unten ausgestellt.

Diese Verzögerungen waren schuld daran, dass Llorençó schon wieder zu spät zur Arbeit kam. Der Meister, der vor Aufträgen nicht aus noch ein wusste, beschimpfte ihn heftig. Llorençó seinerseits sah nun den Weg offen, endlich die ersehnte Unabhängigkeit zu erlangen, gab Widerworte ohne ein Blatt vor den Mund zu nehmen und erklärte sich für gekündigt.

III

Be comptat i debatut, tenia dotze duros per a comprar la roba i guarniments, mantenir-se fins que els estudiantets el paguessin, i fer cara al perill de quedar en vaga més o menys temps. «Era, doncs, ben vist que havia de manllevar almenys cinc dobletes de cinc duros amb les quals poder comprar no fos sinó la roba dels vestits compromesos, perquè quin botiguer la hi fiaria, si no en coneixia cap?» I, tot pensant això, se n'anà a veure la família d'en Pep, o, parlant més clar, la filla d'aquest, la Roseta.

–Què tal, noi? Com es coneix que ja fas d'amo, que et passeges en aquestes hores! –li digué la dona d'en Pep tot eixugant-se amb el davantal de llana els braços, encara molls del lleixiu amb què estava rentant els plats.

–Ja han vingut a prendre's la mida, els senyorets que jo t'he enviat?
–Ja han vingut, ja –respongué el sastre, manifestant poc desig de seguir conversa.

–Bé, que vols veure la Roseta? Allà dins la trobaràs cosint. ... Ah! escolta: ja t'ho ha dit, el *nostro*? Si vols que t'ajudi, ho farà de bona gana: ho sents? Primer tu que l'amo, perquè ...

Però veient que el sastre ja, ben segur, era a la sala on treba-

III

Hin-und hergezählt besaß er zwölf *Duros* um den Stoff und das Zubehör zu kaufen, seinen Lebensunterhalt zu fristen, bis die Studentchen ihn bezahlt hätten und für das Risiko gewappnet zu sein, einige Zeit ohne Arbeit überbrücken zu müssen. »Es war klar, dass er 25 *Duros* bauchte, also mindestens fünf Fünferdublonen leihen musste, um notgedrungen den Stoff für die beauftragten Anzüge selbst zu kaufen; denn welcher Händler würde ihm schon das Material in Kommission überlassen, wo er doch niemanden kannte?« Mit diesen Gedanken machte er sich auf den Weg zu Peps Familie, besser gesagt, zu dessen Tochter, seiner Roseta.

»Na Junge, wie geht's? Man merkt gleich, dass du dabei bist ein Herr zu werden, wo du um diese Zeit herumlaufen kannst!« neckte ihn Peps Frau und trocknete sich mit der Wollschürze die vom Seifenwasser noch nassen Arme, denn sie war gerade dabei, das Geschirr vom Mittagessen zu spülen.

»Sind die jungen Herren, die ich dir geschickt habe, schon gekommen, um Maß nehmen zu lassen?«

»Ja, sie waren schon da«, antwortete der Schneider wortkarg und offensichtlich nicht aufgelegt, sich weiter darüber auszulassen.

»Suchst du die Roseta? Die sitzt drinnen und näht. ... Ach, hör mal, hat dir mein Mann schon was gesagt? Sie hilft dir gern, wenn du es möchtest, klar? Du kommst vor dem Dienstherrn, denn ...«

Als die Frau aber sah, dass der Schneider direkt in das

llava la noia, la bona dona trencà aquí la raó, i, sense dar-se per ofesa, es ficà altra volta a la cuina i reprengué sa tasca.

En Llorençó no pogué amagar a la Roseta el conflicte en el que es trobava.

–Les dones tenen uns acudits! Molt serà que no en trobi un de bo, la meva xicota! –havia pensat ell. I, en efecte, aquella semblava esperar-lo també, concentrada la vista en la tira de tela blanca que anava lliscant per la maquineta a mesura que la lleugera agulla la picava i cosia amb son soroll d'esperit de rellotge.

La tira era llarga, la Roseta no aixecava el cap, l'agulla seguia ... crec, crec, crec ... fent son punt de cadeneta sense parar, i en Llorençó esperava impacient la paraula de sa estimada. Per fi l'oí.

–Mira –feu la Roseta traient-se les arracades i un anell que duia– no diguis res a ningú i *empenya't* això.

–Ah! això sí que no! –replicà ell entre sorprès i commogut–. T'estimo la intenció, però de cap de les maneres no faria jo tal cosa.
–T'ho dono de cor.
–Prou que ho veig! ... No en parlem més –li respongué el jove amb els ulls espurnejant-li les llàgrimes.

I, agafant l'anell, es posà altra volta en el dit de la Roseta, la mà de la qual sentí tremolar en les seves com colomet esporuguit. La Roseta es tornà roja. Acotant-se, donà empenta al

Zimmer gegangen war, wo das Mädchen beim Nähen saß, unterbrach sie den begonnenen Satz ohne jeglichen Anflug von Ärger und nahm in der Küche ihre Arbeit wieder auf.

Llorençó konnte Roseta seine Zwangslage nicht verschweigen.

»Die Frauen haben doch immer gute Einfälle! Sicher hat mein Mädchen auch eine Idee!« war es ihm durch den Kopf geschossen. Auch Roseta schien auf ihn gewartet zu haben. Konzentriert blickte sie auf die unter der Nähmaschine dahingleitende weiße Stoffbahn, während die dünne Nadel ihre Stiche mit dem gleichmäßig tickenden Geräusch der Feder eines Uhrwerks hintereinandersetzte.

Das Stoffstück war lang, Roseta hob den Kopf nicht, die Nadel ging auf und ab ... rick, rick, rick ... unaufhaltsam, Kettenstich um Kettenstich, und Llorençó wartete ungeduldig auf ein Wort seines geliebten Mädchens. Endlich war es so weit.

»Hier«, sagte Roseta, indem sie ihre Ohrringe nahm und einen Ring vom Finger zog, »sag niemandem etwas und verpfände das.«

»Also, das nun wirklich nicht!« erwiderte er überrascht und gerührt. »Ich weiß, du tust es in bester Absicht, aber das könnte ich nie annehmen.«

»Ich tue es von ganzem Herzen.«

»Das sehe ich ja! ... Aber reden wir nicht mehr davon«, bat der junge Mann und die Tränen schossen ihm in die Augen.

Er nahm den Ring und steckte ihn Roseta wieder an den Finger. Er spürte ihre Hand in der seinen zittern wie ein verängstigtes Täubchen. Roseta wurde rot. Sie setzte das Rad

volant per reprendre el treball i amagar ensems una llàgrima traïdora.

—Espera't —digué en Llorençó, més entendrit que mai—. Si no et sap greu, et posaré les arracadetes.

I, amb mà tremolosa, tocà la molsuda orella i posà en son lloc la joia, temorós de punxar sa estimada. L'olor suau dels cabells i la caloreta que desprenia la pell li excitaren alhora els sentits i la tendresa fins a tal punt que no s'atreví a posar l'altra arracada. Sa estimada l'agafà, va col·locar-se-la, i, amb el pit alenós, tornà a emprendre, enrogida el treball.

Acabada una altra tira, la Roseta exclamà, en el to de qui ha trobat el que cercava:

—Ah! saps que faria, en ton lloc? Aniria a trobar aquell adroguer amic teu que sempre et fa tants oferiments, home.

—En Ramon del carrer Nou? ... Tens raó! ... Ja n'hem sortit! ... Sí, que me'ls deixarà, sí! Bé m'ho té dit prou, que sempre que vulgui ...!

I, animat per l'esperança, el sastre s'aixecà, deixant la Roseta entremig d'estufades talles de roba blanca que, per a l'enamorat, posaven la noia com asseguda en un tron de núvols.

der Nähmaschine wieder in Bewegung und beugte sich über ihre Arbeit, damit man die verräterische Träne im Augenwinkel nicht sah.

»Warte«, sagte Llorençó zärtlicher denn je. »Wenn du magst, stecke ich dir die Ohrringe fest.«

Mit unsicherer Hand fasste er nach dem weichen Ohrläppchen und brachte den Schmuck an seine Stelle zurück, ängstlich darauf bedacht, seine Liebste nicht zu stechen. Der leichte Duft der Haare und die von der Haut ausstrahlende Wärme erregten seine Sinne und seine Gefühle so sehr, dass er es nicht wagte, den zweiten Ohrring zu befestigen. Roseta nahm ihn, steckte ihn ins Ohr und nahm heftig atmend, mit geröteten Wangen ihre Arbeit erneut auf.

Als sie eine weitere Stoffbahn beendet hatte, rief sie voller Freude, im Ton der Erleichterung, endlich die gesuchte Lösung gefunden zu haben:

»Mensch, weißt du, was ich an deiner Stelle tun würde? Ich würde zu deinem Freund gehen, dem Kolonialwarenhändler, der dir immer Hilfe angeboten hat.«

»Meinst du Ramon, den mit dem Laden in der Carrer Nou? ... Ja, du hast Recht! ... Das ist die Lösung! ... Der wird mir bestimmt Geld leihen. Er hat mir oft genug gesagt, ich bräuchte nur zu fragen ...!«

Von dem neuen Hoffnungsschimmer ermuntert stand der Schneider auf und ließ Roseta zwischen den aufgetürmten weißen Stoffbahnen zurück. Für ihn, den Verliebten, saß sie darin wie auf einem Thron aus Wolken.

IV

En Ramon del carrer Nou estava dinant. La criada anuncià el sastre, qui quedà esperant-se a la botiga. L'adroguer volia baixar-hi, però, casat de fresc amb una dona excessivament gelosa i desconfiada, hagué d'accedir als precs d'aquesta, i demanà a l'amic que pugés al menjador.

La sorpresa que sentí el bon sastre en veure son amic mullerat, en aquelles circumstàncies, fou bastant desagradable. —Davant de la dona no li demano —pensà. I, procurant dissimular tant com li fou possible la nova contrarietat que la sort li oposava, féu propòsit de parlar de qualsevol cosa per guanyar temps i esperar que aquella els deixés sols.

Si en tocà, de tecles! Es manifestà, primer, estranyat de no haver tingut abans cap nova del casament; donà l'enhorabona als dos nuvis felicitant-se de l'elecció d'un i altre; parlà del temps passat i del present; de com anava la feina del basar, deixant aquí entreveure les ganes de plantar un taller ... Però com si tal cosa: la Mundeta, l'adroguera, seguia clavada a la cadira, sospitant que aquell xic no havia anat allí en aquella hora, perquè sí, sino amb alguna intenció, més o menys interessada, que tard o aviat exposaria. I quan es parlà d'obrir el taller a compte propi, endevinà ja la vera intenció del sastre i féu peuet a son marit, qui, per cert, no entengué la senya.

IV

Ramon mit dem Laden in der Carrer Nou war gerade beim Mittagessen. Das Dienstmädchen kündigte den Schneider an, der unten im Laden wartete. Der Kolonialwarenhändler wollte hinuntergehen, aber frisch getraut wie er war, musste er dem Drängen seiner übertriebenen eifersüchtigen und misstrauischen Frau nachgeben und den Freund nach oben ins Esszimmer bitten.

Die Überraschung, seinen Freund verheiratet anzutreffen, empfand der Schneider, den Umständen entsprechend, als ziemlich unangenehm. »Vor der Frau kann ich ihn nicht um Geld bitten«, dachte er. Darum versuchte er, so gut es ging, die Enttäuschung über dieses neue ihm vom Schicksal in den Weg gelegte Hindernis zu überspielen und nahm sich vor, über alles Mögliche zu sprechen um Zeit zu gewinnen und den Moment abzupassen, wo die Frau sie allein ließ.

Er war wirklich um Worte nicht verlegen! Zuerst zeigte er sich überrascht, dass er von der Hochzeit nichts erfahren hatte, beglückwünschte das Paar zu seiner wechselseitigen Wahl, sprach von vergangenen Zeiten und von der Gegenwart; erzählte, wie die Arbeit im Geschäft lief; ließ dabei durchblicken, dass er daran dachte, sich mit einer eigenen Schneiderei niederzulassen ... Aber da war nichts zu machen, Mundeta, die Frau des Kolonialwarenhändlers, blieb wie angewurzelt sitzen. Sie hatte irgendwie den Verdacht, dass der Bursche nicht an diesen Ort, zu dieser Tageszeit gekommen wäre, wenn er nicht irgendeine bestimmte Absicht verfolgen würde, die er doch früher oder später verraten müsste. Als der Schneider dann davon sprach, eine eigene Werkstatt

En Llorenço suava tant d'angúnia que sols la necessitat i l'esperança podien vèncer el desig que l'impulsava a abandonar la casa, sobretot quan veié que, ja desparada la taula, l'adroguera hi seguia encara recolzada, escoltant amb molt interès la conversa, tot escurant-se les dents, sense que ni aconseguís moure-la tan sols el sobtat estrèpit de trencadissa que se sentí a la cuina.

–Vés, que aquella xicota sembla que ha trencat una pila de plats! –féu el marit, a qui el soroll somogué nerviosament.

–Ca! si és una barroera! –respongué la Mundeta sense moure's–. Ens en haurem de desfer, d'aquesta criada: vet-ho aquí.

–Doncs, noi, me n'alegro: eh? –digué en Llorençó tot aixecant-se per anar-se'n.
–Com! te'n vas, ja? –exclamà l'adroguer trencant de sobte la contemplació en què havia caigut per un moment admirant la tendra blancor de lliri que oferia l'esplèndid coll de sa esposa, inflat al pes del cap, que tenia tirat enrere–. A tu et portava alguna cosa: parla sense miraments.

En Llorençó vacil·là; però, a la fi, digué:
–Sí, la veritat: venia a cansar-te recordant els teus oferiments.

aufmachen zu wollen, erriet sie den wahren Anlass seines Besuchs und stieß ihren Mann mit dem Fuß an. Doch der verstand den Hinweis nicht.

Llorençó schwitzte vor Beklemmung, und nur die Not und die Hoffnung besiegten den Drang aufzustehen und wegzugehen. Er verzweifelte vollends, als er sah, dass die Frau mit aufgestützten Ellbogen auch noch sitzen blieb, als der Tisch schon längst abgeräumt war. Hochinteressiert verfolgte sie das Gespräch, pulte dabei mit dem Zahnstocher zwischen den Zähnen und war selbst dann nicht fortzubewegen, als aus der Küche plötzlich das laute Scheppern von zerbrechendem Porzellan zu hören war.

»Sieh mal nach, das Mädchen scheint einen ganzen Stapel Teller zerschlagen zu haben«, forderte ihr Mann sie auf, der bei dem Lärm nervös zusammengezuckt war.

»Ach, die ist einfach ein Tollpatsch«, bemerkte Mundeta, ohne sich von der Stelle zu rühren. »Wir müssen zusehen, wie wir dieses Dienstmädchen loswerden, da hilft nichts.«

»Also, mein Lieber, ich freue mich wirklich«, schickte Llorençó sich zum Gehen an.

»Wie, du willst schon gehen?« rief der Kolonialwarenhändler, mit einem Mal aus der Betrachtung der prächtigen Biegung des zartweißen Lilienhalses seiner Gattin gerissen, der sich unter dem Gewicht ihres nach hinten geworfenen Kopfes blähte. »Du bist doch nicht ohne Grund gekommen. Sprich frei heraus.«

Llorençó schwankte, doch schließlich brachte er hervor:

»Ja, in Wirklichkeit bin ich gekommen, um deine Großzügigkeit zu bemühen, weil du mir doch so oft Hilfe angeboten hast.«

Una altra trepitjada de la núvia posà alerta al marit.

–Digues, digues: en què puc servir-te?
–Si poguessis bestreure'm una vint-i-cinquena de duros ... – féu, amb veu tremolosa, el sastre.

L'amic baixà els ulls, sentí una tercera trepitjada, més eloqüent que les altres, i, mig embarbussant-se, s'excusà en les despeses de la boda, la renovació de la botiga, la calma del temps, i deixà anar l'amic buit de diners i d'esperances.

El pobre Llorençó començava a penedir-se de la seva lleugeresa. Com trobar els vint-i-cinc duros? Tanmateix, abans de deixar el cert per l'incert, abans de comprometre's, valia la pena d'haver-ho pensat més. On aniria a raure? Hauria de demanar a la Roseta el que poc abans havia refusat? Potser el botiguer li fiaria la roba.

Així pensant, topà amb un altre que duia direcció contrària. La batzegada fou brusca: un i altre, per impuls del xoc, recularen una passa i quedaren mirant-se.

–Perdoni –féu en Llorençó.
–No és el meu sastre? –saltà l'altre bonament.

–Sí senyor.
–Com en té el vestit?

En Llorençó es tornà roig: son interlocutor era l'estudiant músic, l'estudiant distret.

–Perdi *cuidado*: estarà per al dia. Vostè va molt de pressa, home: encara no l'hem emprovat.

Ein weiterer Fußtritt der Angetrauten warnte den Ehemann.

»Also los, wie kann ich dir helfen?«

»Wenn du mir so um die 25 *Duros* leihen könntest«, bat der Schneider mit unsicherer Stimme.

Der Freund senkte den Blick, spürte einen dritten, noch deutlicheren Fußtritt und begann, sich unter Stammeln zu entschuldigen – die Ausgaben für die Hochzeit, die Renovierung des Ladens, die konjunkturbedingte Flaute – und entließ den Freund ohne Geld und ohne Hoffnung.

Der arme LLorençó begann seine Leichtfertigkeit zu bereuen. Woher sollte er jetzt die 25 *Duros* nehmen? Er hätte es sich vorher überlegen sollen, bevor er etwas Gewisses für etwas Ungewisses aufgab. Wie sollte das enden? Musste er schließlich doch Roseta um die Hilfe bitten, die er vorhin abgelehnt hatte? Vielleicht konnte er den Stoff bei einem Händler anschreiben lassen.

So in Gedanken versunken stieß er mit einem entgegenkommenden Passanten zusammen. Der Aufprall war hart. Beide wurden durch den Stoß einen Schritt nach hinten geworfen und sahen sich dann an.

»Entschuldigung«, brachte Llorençó hervor.

»Sind Sie nicht mein Schneider?« rief der andere gut aufgelegt.

»Ja, mein Herr.«

»Wie steht es mit dem Anzug?«

Llorençó wurde rot. Sein Gegenüber war der Musikstudent, der zerstreute Student.

»Seien Sie unbesorgt. Er wird pünktlich fertig sein. Sie sind etwas voreilig. Wir hatten doch noch gar keine Anprobe.

–Ah! és veritat! –exclamà l'estudiant–. Però sap per què li deia? … Calli, calli! sí, ja me'n recordo! … Perquè jo sóc d'una manera que no sé guardar els diners: no ho sé, em fugen, se m'escapen de les mans. A l'arribar a casa m'he trobat que n'havíem rebuts: així és que si vol cobrar per endavant em farà favor.

–Ca! no … senyor … No en mancava d'altra! –féu en Llorençó reprimint els desigs que li saltaven pels ulls.

–És que … ja l'hi dic: em farà favor. Jo … com vostè vulgui; però, si no els pren ara, qui sap quan cobrarà!

–I no he de cobrar, home! –interposà encara, mig atordit, mig tremolós, el sastre, pugnant per amagar sa set. Però a la fi, buscant una rialleta benèvola, afegí: – En fi, si li he de fer un servei, si vostè ha de viure més descansat …

L'estudiant no s'hi pensà més: ficà mà a la butxaca i li donà dos bitllets de vint duros.
Un esclat d'alegria brillà en la cara d'en Llorençó. –Si el negoci m'arriba a anar bé, vestiré de franc aquest noi tota la vida –deia entre si, corrent a casa de la Roseta.

»Ach ja, richtig«, besann sich der Student. »Aber wissen Sie, warum ich gefragt habe? .... Einen Moment, einen Moment! Ja, jetzt fällt es mir wieder ein. ... Ich bin nämlich von der Sorte, die nicht mit Geld umgehen können. Ich weiß nicht wie, es verflüchtigt sich, es zerrinnt mir zwischen den Fingern. Nun also, als ich nach Hause kam, stellte ich fest, dass wir eine Zahlung bekommen hatten. Deswegen bitte ich Sie, die Anzüge im Voraus zu kassieren, Sie würden mir einen Gefallen tun.«

»Aber mein Herr! ... Nein! ... Das fehlte noch!« wehrte Llorençó ab. Doch seine Augen verrieten das unterdrückte Verlangen.

»Wirklich ... wie schon gesagt, Sie täten mir einen Gefallen. Ich meine ... Wie Sie wollen, aber wenn Sie das Geld jetzt nicht nehmen, weiß ich nicht, wann ich Sie bezahlen kann.«

»Sie müssen mich doch nicht bezahlen«, entgegnete der Schneider, halb überrumpelt, halb vor Aufregung zitternd und strengte sich an, seine Begehrlichkeit zu verbergen. Doch schließlich versuchte er ein wohlwollendes Lächeln und gab nach: »Nun ja, wenn ich Ihnen damit dienlich sein kann, wenn es Sie beruhigt ...«

Der Student überlegte nicht lange, holte aus der Tasche zwei Zwanzigduroscheine und gab sie dem Schneider.

Llorençós Gesicht strahlte vor Freude. »Wenn mein Geschäft gut geht, werde ich diesem jungen Mann sein ganzes Leben lang die Anzüge umsonst nähen«, sagte er sich und lief eilig zu Roseta.

V

Deu anys després, el celebrat baríton Dominguetti, que omplia el Liceu cada nit d'*Africana*, anà a triar-se un vestit a casa Laurent, Terrhy et Ce, la millor sastreria de Barcelona.

Una colla d'abonats del Liceu es pararen a contemplar, embadalits, el cèlebre baríton, que, des de la vorera de la Rambla del Mig, examinava, cap en l'aire, el rètol que, en tipus anglès de grans dimensions, deia «Laurent, Terrhy et Ce»; i no el deixaren de vista fins que son pardessú blanquinós, sobre el qual descansava abundosa cabellera, és perdé en les altures de la gran escala de marbre.

El baríton travessà, fent brandar sa corpulenta figura, tot distret, per davant de l'enribetat porter que li obrí la gran mampara d'un sol vidre. Travessà encara dues sales parades amb elegància i riquesa, i, en aixecar la tercera cortina, l'invità a entrar, amb rialleta plena de promeses i esperances, monsieur Terrhy, un homenàs de patilles rosses, molt pentinat, i tan ben vestit que, sense el metre penjant al coll a tall d'estola, l'haurien pres per un diplomàtic.

En mal castellà, preguntà al cantant si era italià; i com aquest contestés tan sols, i no amb molt millor pronunciació, que podia parlar-li castellà, així seguiren la conversa. Monsieur Terrhy, que recordà al baríton de les taules, es desfeu en compliments, s'informà de les pretensions de son nou client amb extraordinària atenció, i ell mateix volgué ensenyar-li les

V

Zehn Jahre später betrat der gefeierte Bariton Dominguetti, der mit der Oper *Die Afrikanerin* jeden Abend das Liceu füllte, die beste Schneiderei von Barcelona »Laurent, Terrhy et C^c« um sich einen Anzug anfertigen zu lassen.

Einige Abonnenten des Opernhauses blieben verzückt auf der Rambla vor dem Liceu stehen und beobachteten, wie der berühmte Sänger vom Bürgersteig aus seinen Blick nach oben wandern ließ und das Ladenschild suchte, das mit großen Lettern nach englischer Art den Firmennamen »Laurent, Terrhy et C^c« anzeigte. Sie ließen ihn nicht aus den Augen, bis sein heller Staubmantel, auf den eine dichte Haarmähne herabfiel, sich auf der breiten Marmortreppe den Blicken entzog.

Die korpulente Gestalt des Baritons ging mit wiegendem Schritt zerstreut an dem livrierten Portier vorbei, der ihm die einflügelige Glastür offenhielt. Er durchquerte zwei elegant und üppig eingerichtete Salons und wurde, als er den dritten Vorhang hob, von Monsieur Terrhy mit vielversprechendem und hoffnungsvollem Lächeln eingeladen näherzutreten. Monsieur Therry war ein stattlicher Mann mit blonden Koteletten, peinlich gescheitelter Frisur und so gut gekleidet, dass man ihn für einen Diplomaten gehalten hätte, hätte er nicht das Messband wie eine Stola um den Hals getragen.

In schlechtem Spanisch fragte er den Sänger, ob er Italiener sei. Da dieser nur kurz und mit wenig besserer Aussprache antwortete, dass man mit ihm Spanisch sprechen könne, setzten sie ihr Gespräch in dieser Sprache fort. Monsieur Terrhy, der den Sänger auf der Bühne gesehen hatte, erging sich in Komplimenten, erkundigte sich mit größter Auf-

millors robes d'*alta novedad*, que tres o quatre dependents sostenien, al peu del balcó, amb poses de figura decorativa. Monsieur Terrhy parlava per quatre, exhauria tots els adjectius encomiàstics, elogiosos, de son diccionari, aplicant-ne tres o quatre de diferents a cada article, fent ressaltar, amb admirable traça, sempre el darrer que venia. Allò era una màquina de dir paraules que atordia. El cantant s'havia ja deixat caure en una butaca, mig marejat i closos els llavis. Maurant distretament amb dos dits les robes, deixava dir el sastre, perduda la vista per les pintures del sostre ... quan aparegué monsieur Laurent.

–*Pardon, monsieur* – féu de sobte monsieur Terrhy al baríton, deixant-lo un moment per ajuntar-se amb son soci.

I llavors, respirant de cansat, l'artista contemplà, amb la insistència de qui sembla escorcollar records, a monsieur Laurent. Era bru, de bon regent, i feia gala també, en son vestit, d'una bona estisora i bon gust en l'elecció de robes; encara que un bon xic de pols les deslluïa.

A la fi s'atansaren els dos sastres, fent el nou una feixuga reverència al cantant. Monsieur Terrhy tornà a prendre la paraula, sense apurar sa verbositat meravellosa. Però sos dos oients es miraven de fit a fit, sense escoltar-lo, fins que el baríton saltà, tot d'una, preguntant:

–Que és català, vostè?

merksamkeit nach den Wünschen seines neuen Kunden, ließ es sich nicht nehmen, ihm persönlich die besten Stoffe zu zeigen – den *dernier cri* dieser Saison – die drei oder vier Angestellte vor dem Balkon in dekorativer Pose vorführten. Monsieur Therry sprach für vier, erschöpfte seinen ganzen Vorrat lobender, anpreisender Adjektive, verwendete bei jedem Stoff drei oder vier gleichzeitig und hob mit bewundernswertem Geschick immer die zuletzt gezeigte Ware über alle anderen. Monsieur war eine betäubende Wortmaschine. Der Sänger hatte sich mit schwirrendem Kopf und geschlossenen Lippen in einen Sessel fallen lassen. Zerstreut betastete er mit zwei Fingern die Textilien und ließ den Schneider reden, während sein Blick über die Deckengemälde schweifte … als Monsieur Laurent erschien.

»*Pardon, Monsieur*«, sagte da plötzlich Monsieur Therry und verließ den Bariton für einen Moment, um sich mit seinem Sozius zu beraten.

Erschöpft seufzend betrachtete der Künstler nun mit der Aufmerksamkeit dessen, der sich an etwas erinnert fühlt, Monsieur Laurent. Er war braunhaarig, noch bestens in Form und elegant anzusehen mit seinem gut geschnittenen Anzug aus geschmackvoll gewähltem Stoff. Allerdings störte ein kleiner Hauch von Staub auf der Kleidung diesen Eindruck.

Schließlich näherten sich beide Schneider und machten erneut eine tiefe Verbeugung vor dem Sänger. Monsieur Therry ergriff wieder das Wort, ohne dass seine wunderbare Redegewandtheit Zeichen von Ermüdung aufwies. Doch seine beiden Zuhörer achteten nicht auf ihn, sie sahen sich an, bis der Bariton plötzlich aufsprang und fragte:

»Sind Sie Katalane?«

–I vostè també! ...– respongué monsieur Laurent, espurnejant-li el goig pels ulls.

–Vostè es en Llorençó, el meu primer sastre d'aquí!

–Vostè en Domingo, el meu primer parroquià!

Dos cops de cap, plens d'alegria, respongueren, i ambdós homes s'abraçaren amb veritable emoció.

Monsieur Terrhy es quedà embadocat, mitja paraula en l'aire, i els dependents sense acció per a abandonar la cansada posa de cariàtides.

Com muden, els temps! com es trastoquen, les coses! Vostè Dominguetti: jo Laurent; vostè italià: jo francès.

No ho faci així, en aquesta terra! ...

–I tal, i tal, senyor Domingo! Fins en els articles de *lujo*, hem de fer-ho! Veu tot això que li ponderava tant, el meu company, per *inglès*? És de Terrassa.

–*Alors c'est un de vos amis?* –exclamà monsieur Terrhy, que delia ja per ficar-hi cullerada.

–Qui? el senyor? És la primera pedra d'aquest establiment. Sense ell, quan vós vàreu venir sense un *quarto*, jo encara no n'hauria tingut cap. ... Al senyor se'l vesteix de franc.

–*Mais oui, oui!* –exclamà el francès, ja tan alegre com l'altre–. *Je vais vous faire un habit charmant.*

...

I, ves, si fou inútil la resistència d'en Domingo que l'endemà fins hagué de dinar a casa en Llorencó, presidida la taula per la Roseta, ja convertida en senyora de mitja edat, molt estirada, molt ben vestida, al mig de dos estudiantets, ja fills seus,

»Ja, und Sie auch!« erwiderte Monsieur Laurent mit fröhlich aufblitzenden Augen.

»Sie sind Llorençó, mein erster Schneider!«

»Und Sie Domingo, mein erster Kunde!«

Beide begrüßten sich mit einem freudigen Klaps auf den Hinterkopf und umarmten sich tief gerührt.

Monsieur Therry blieb das letzte Wort halb ausgesprochen im offenen Mund stecken, und die Angestellten vergaßen, ihre ermüdende Karyatidenpose aufzugeben.

»Wie die Zeit vergeht! Wie die Dinge sich doch ändern! Sie Dominguetti – ich Laurent; Sie Italiener – ich Franzose.«

»Das ist doch hierzulande nicht nötig.«

»Doch, doch, Senyor Domingo! Sogar bei den Luxusartikeln müssen wir uns etwas einfallen lassen. Sehen Sie, hier die ganze Ware, die mein Kollege Ihnen in den höchsten Tönen als *inglish* gepriesen hat, kommt aus unserer Nachbarstadt Terrassa.

»*Alors c'est un de vos amis?*« rief Monsieur Therry, der es nicht abwarten konnte, bei der Unterhaltung mitzumischen.

»Der Herr hier? Das ist der Grundstein unseres Geschäfts. Ohne ihn hätte ich keinen Heller gehabt, als du völlig blank hier angekommen bist. ... Der Herr bekommt seinen Anzug umsonst.«

»*Mais oui, oui!*« – rief der Franzose, genauso erfreut wie der andere. – »*Je vais vous faire un habit charmant.*«

...

Es half kein Sträuben, am nächsten Tag musste Domingo bei Llorençó zu Mittag essen. Den Vorsitz des Tisches hatte Roseta, nun schon eine Frau mittleren Alters. In sehr gemessener Haltung, elegant gekleidet, saß sie zwischen ihren bei-

rossos i tiradets com dos prínceps. Durant el dinar sentiren rejovenir-se els grans, tot contant en Llorençó les angúnies d'aquell dia del carrer Nou, l'episodi de les joies i l'adroguer; fins que tornà el sastre a exclamar: – Com muden, els temps! Vostè, aquell estudiant, avui un home cèlebre!

–I vostè, aquell sastrinyoli, el primer sastre de Barcelona!

–Ah, sí! però vostè s'ha de dir Dominguetti... i jo Laurent.

I a ambdós els perlejà una llàgrima als ulls, que el Geni de la pàtria no hauria pogut eixugar amb la consciència tranquil·la.

den Söhnen, bereits Schulkinder, blond und gut gewachsen wie zwei Prinzchen. Während des Mittagessens verjüngten sich die Erwachsenen, als LLorençó von der damals in der Carrer Nou ausgestandenen Not erzählte, von dem Kolonialwarenhändler und von Rosetas Schmuck, bis er nicht mehr an sich halten konnte und ausrief: »Wie die Zeit vergeht! Damals waren Sie ein kleiner Student und heute sind Sie ein berühmter Mann.«

»Und Sie waren damals ein armer Schneidergeselle und heute sind Sie der erste Schneider von Barcelona!«

»Ja, schon. Aber Sie müssen sich Dominguetti nennen und ich Laurent.«

Da glänzte beiden eine Träne im Auge, die der Genius des Vaterlandes nicht guten Gewissens hätte trocknen können.

Un petó

En Victorià Renom arribà a Barcelona a les onze del matí. En baixant del vagó, lleuger com venia de roba, sense més fato que la cartera de viatge penjant a la bandolera, sortí de l'estació anguilejant entre els passatgers, i es ficà, tot decidit, en un cotxe de plaça.

—Carrer de la Diputació, 320.
—No porta equipatge, senyor?
—No.
—Avant, doncs —digué el cotxer pujant d'un salt a la banqueta i fent petar el fuet sobre les moixes orelles del rossí.

La pobre bèstia arrencà a córrer posant de manifest tot el joc de la seva ossada per sota son cuiro escarransit, i en quinze minuts pogué parar, encara que suosa i panteixant, a la porta del 320 del carrer de la Diputació.

—Arribes a punt, noi —exclamà, obrint els braços a en Victorià, son cosí Josep —anàvem a dinar. Què portes, de nou? que portes? Sense equipatge! És a dir que te'n tornes aviat? Això sí que no val, tocar clau i fugir! ... Josefina posi un plat més a la taula i avisi a la senyoreta: digui-li que acaba d'arribar don Victorià.

Ein Kuss

Victorià Renom traf um 11 Uhr morgens in Barcelona ein. Kaum war er aus dem Zugabteil gestiegen, leicht gekleidet und als einziges Gepäckstück eine flache Schultertasche schräg über die Brust gehängt, schlängelte er sich auch schon zwischen den Passagieren hindurch zum Bahnhofsausgang und bestieg entschlossenen Schritts eine Droschke.

»Zur Carrer de la Diputació 320.«

»Haben Sie kein Gepäck, mein Herr?«

»Nein.«

»Na dann also«, rief der Kutscher, war mit einem Sprung auf dem Kutschbock und knallte mit der Peitsche, dass der Gaul die Ohren anlegte.

Das arme Tier trabte los, wobei sein ganzes Gerippe unter der geschundenen Haut hervortrat. Bereits nach fünfzehn Minuten hielt es, allerdings schweißnass und schwer atmend, vor der Haustür Nr. 320 der Carrer de la Diputació.

»Junge, du kommst gerade richtig«, empfing Josep seinen Cousin Victorià mit ausgebreiteten Armen, »wir wollten eben essen. Was gibt's Neues? Was hast du dabei? Kein Gepäck? Das heißt, du reist heute noch ab? Das geht doch nicht, mal eben reinschauen und schon wieder abhauen! … Josefina, stell noch ein Gedeck auf den Tisch und sag meiner Frau Bescheid. Sag ihr, dass Don Victorià angekommen ist.«

I, tot dient això, el bon Josep anava guiant son cosí cap a un dormitori on pogués esbandir-se i treure's la pols.

Son cosí, mentrestant, el mirava embadalit, deixant-lo parlar, deixant-lo fer.
–Què vols dir, amb aquesta mirada? què vols dir? –saltà, de sobte, en Josep.
–Tantes coses vull dir!
–Lo de sempre: que enveges la meva felicitat!...
–Ni més, ni *menos*. Ets el *prototipo* del fill de la sort. Jove, robust, *guapot*, expansiu, ric, bon marit, bon creient...

–Pst, pst, pst! A poc a poc: jove, robust, expansiu, sí. Ric?... Bé, vaja: diguem que sí, perquè no sóc cobdiciós i tinc lo necessari per a viure.
–Adverteix que no vinc a manllevar-te res: vinc precisament a vendre.
En Josep esclafí en bondadosa rialla, i continuà:
–Com a *guapot*...
–Calla: això tu no pots discutir-ho.
–Que passi, doncs: discutiu-ho vosaltres.... Ara, si sóc bon marit i bon creient, tu em dispensaràs el dret de posar-hi els meus *reparos*, suposo.

–Diable! Jo sempre t'hi he tingut; la veu general és aquesta: si per cas t'han d'haver girat com una mitja! –exclamà en Renom fixant-li una mirada traïdora, la tovallola a les mans com qui de sobte deixa d'eixugar-se–. Home! no et recordes de quan érem estudiants?

Unter diesen Worten begleitete Josep seinen Cousin in ein Gästezimmer, wo er sich erfrischen und vom Straßenstaub befreien konnte.

Victorià blickte ihn die ganze Zeit nur staunend an, ließ ihn reden und machen.

»Warum guckst du mich denn so an? Was ist denn?« fuhr Josep auf.

»Ach, ich staune nur!«

»Also, wie immer, du beneidest mich um mein Glück! ...«

»Genau das. Du bist der *Prototyp* des Glückskinds. Jung, gesund, *fesch*, erfolgreich, wohlhabend, ein guter Ehemann, ein guter Christ ...«

»Na, na, na! Mach mal langsam! Jung, gesund, erfolgreich – einverstanden. Wohlhabend? ... Sagen wir mal ja, denn ich bin nicht geldgierig und habe, was ich zum Leben brauche.«

»Nur damit du's weißt – ich komme nicht um Geld von dir zu leihen; ganz im Gegenteil, ich will etwas verkaufen.«

Josep lachte gutmütig und fuhr fort:

»Also, was das *fesche* Aussehen betrifft, ...«

»Still, das kannst du selbst gar nicht beurteilen.«

»Dann lassen wir das durchgehen und ihr macht das unter euch aus. ... Aber du wirst mir wohl erlauben meine Zweifel anzumelden, ob ich ein guter Ehemann oder ein guter Christ bin.«

»Zum Teufel! Ich habe dich immer dafür gehalten und alle sagen es. Oder hat man dich völlig umgekrempelt?« rief Renom, das Handtuch schwingend, mit dem er sich gerade abgetrocknet hatte. Dabei warf er seinem Vetter einen schalkhaften Blick zu. »Mensch, erinnerst du dich nicht mehr an unsere Studentenzeit?«

–Oh! és que vosaltres éreu uns plagues!

–Sí, com el noranta nou per cent dels joves. Cap dels companys era calavera, però cap no era tan devot com tu ni tenia aquella por a les dones. ... Fèiem la joventut: res més. Tu no l'has feta: a vint-i-tres anys et vas casar enamorat com un boig; segons diuen, aquell amor no ha minvat, i ...

–No, pobra Mariannetal cada dia l'estimo més. Vaig trobar un àngel, però per això mateix em sembla que no l'estimo prou. Em passa, amb això, com amb la religió: tinc fe, i, com més compleixo, més em sembla que en faig poc.

–Noi, jo acabaria inculcant a la meva dona que es fes monja, i jo em faria ermità. Per aquest camí s'arriba a la monomania dels escrúpols.

–Veus? jo envejo la vostra tranquil·litat de consciència.

–Qui som nosaltres? els racionalistes? – preguntà somrient en Victorià, tot fent-se el nus de la corbata.

–Si, els racionalistes, ja que vols que t'ho digui.

–De manera que aquí som dos que mútuament ens envegem! Ara sols falta saber qui de tots dos té més raó en la seva enveja. Ho podríem deixar per un altre dia. Vaja, anem a veure la Marianneta, anem, home feliç.

I ambdós cosins arribaren al menjador, riallers, enllaçats per la cintura com dos germans capaços de comprendre's i tolerar-se de bon cor les oposades opinions.

«Diantre de Josep! Per a ell els anys no passaven! tal l'in-

»Doch, ihr wart alberne Kerle!«

»Wie neunundneunzig Prozent der jungen Leute. Keiner von uns war ein Casanova, aber keiner war natürlich so fromm wie du oder hatte so viel Angst vor den Frauen. ... Wir lebten unsere Jugend aus, das war alles. Du hast das nicht gemacht. Mit dreiundzwanzig Jahren hast du bis über beide Ohren verliebt geheiratet, und wie man hört, hat diese Liebe nicht nachgelassen ...«

»Oh nein, meine kleine Marianneta! Jeden Tag liebe ich sie mehr. Ich habe in ihr einen Engel gefunden, aber gerade deshalb denke ich, dass ich sie nicht genug liebe. Und so geht es mir auch mit der Religion. Ich bin gläubig, aber je mehr ich versuche, meinem Glauben entsprechend zu leben, um so mehr habe ich das Gefühl, dass das nicht reicht.«

»Junge, ich würde meine Frau dazu überreden Nonne zu werden und ich selbst würde Einsiedler. Auf diesem Weg wird man todsicher manisch skrupulös.«

»Siehst du, und ich beneide euch um euer gutes Gewissen.«

»Wer sind *wir*? Die Rationalisten etwa?« fragte Victorià lächelnd und band sich die Krawatte.

»Ja, die Rationalisten, wie soll ich es sonst sagen?«

»Das heißt, wir beide beneiden uns gegenseitig! Jetzt müssten wir nur noch wissen, wessen Neid berechtigter ist. Aber lassen wir das für ein andermal. Komm, glücklicher Mann, lassen wir Marianneta nicht länger warten.«

So kamen die beiden ins Esszimmer, lachend, um die Taille gefasst wie zwei Brüder, die sich gegenseitig verstehen und großherzig über Meinungsverschiedenheiten hinwegsehen können.

»Dieser Josep! Die Jahre waren an ihm spurlos vorüberge-

fant, tal l'home; sense altra diferència que un bon tros d'alçària i una barba negra, tallada a raspall, ja anunciada en la infància per ses celles molsudes i unides i sos cabells poc menys crespats que els d'un africà. Però son esperit, el de sempre: tan candorós, tan inofensiu, tan tímid, com aconseguí formar-lo aquella amantíssima mare a les faldilles de la qual anà sempre cosit el fill. Mai no s'havia vist més patent contradicció entre l'esperit i el cos: una cara ferrenya, una figura d'Hèrcules, una mirada i uns llavis plens de passió, per a presentar l'home de vida més casolana, més ordenada i pacífica.» Tal pensava tot seguint-lo envers el menjador, son cosí Victorià.

No fou menys bondadós l'acolliment de la Marianneta. I com no, si era verament un àngel, la tal Marianneta! Idòlatra de son marit, adorava els mateixos déus, compartia amb ell totes les afeccions i gustos, no hi veia, com se sol dir, amb altres ulls. A part, doncs, de la simpatia tota particular que pogués arrossegar-la a ben veure l'estimat cosí de son marit, havia d'estimar-lo perquè aquest l'estimava.

Per son cantó, en Victorià, bon xicot i naturalment admirador de tot el bo i el bell, estava entre ells com el peix a l'aigua. Aquell menjador encatifat i sever, amb ses parets cobertes d'una imitació de guadamacil, son moblatge de roure i cuiro, sa taula rodona al mig, plena de lluentors de cristall i argent, li infonia aquell goig suau que causa sempre a les ànimes honrades l'aspecte del benestar. Del fons d'aquell to fosc, ressaltava amb agradable elegància la ben tallada cosina, vestida de setí

gangen. Der Mann glich noch ganz dem Kind, nur dass er gewachsen war und einen schwarzen, kurz geschnittenen Bart trug. Der hatte sich schon beim Kind in den dichten, zusammengewachsenen Augenbrauen und dem fast wie bei einem Afrikaner krausen Haarschopf angekündigt. Sein Charakter hatte sich nicht geändert. Er war immer noch so arglos, so gutmütig, so schüchtern wie früher, ganz der Sohn seiner ihn über alles liebenden Mutter, an deren Schürzenband er lange gehangen hatte. Man konnte sich keinen größeren Gegensatz zwischen Körper und Seele vorstellen: ein wildes Gesicht, ein Körper wie Herkules, ein leidenschaftlicher Blick, sinnliche Lippen – hinter diesem Äußeren verbarg sich der häuslichste, ordentlichste und friedlichste Mensch.« So dachte Victorià als er Josep durch das Esszimmer folgte.

Marianneta begrüßte ihn nicht weniger herzlich. Sie war tatsächlich ein Engel, diese Marianneta! Sie verehrte ihren Mann, betete dieselben Gottheiten an wie er, teilte mit ihm alle Neigungen und Vorlieben; sie sah alles, wie man zu sagen pflegt, mit seinen Augen. Außer der ureigenen Sympathie, die sie dem geschätzten Cousin ihres Gatten entgegenbringen mochte, musste sie ihn gern haben, weil ihr Mann ihn gern hatte.

Victorià, ein umgänglicher Bursche, der von Natur aus alles bewunderte, was gut und schön war, fühlte sich bei dem jungen Paar wie ein Fisch im Wasser. Das strenge Speisezimmer mit seinen Teppichen, seiner Wandbespannung aus einem Imitat von Korduanleder, seinen ledergepolsterten Eichenmöbeln, dem reich mit funkelndem Kristall und Silber gedeckten runden Tisch in der Mitte, flößte ihm das sanfte Wohlgefühl ein, das ehrliche Gemüter immer beim Anblick

negre, amb sa corona de cabells rossos que un raig de sol acabava de daurar, son rostre llarguet, de color trencat, de perfil correcte; sos llavis cirera, sos ulls i front serens, a penes separats per dues pinzelladetes de betum simulant les celles. En fi, la Josefina, aquella noia neta, esprimatxada, de fesomia grega i posat agradosament seriós, acabava de completar el quadro.

–Diantre de xicot! si n'és, de feliç! Quina dona més *guapa*! quina casa! quina pau! –tornava a exclamar en Renom entre si.

En Josep li indicà una cadira davant per davant de sa muller, i, abans de destapar la sopera, el matrimoni es persignà.
–Si us sembla que jo ... – féu irònicament en Renom.

Marit i muller somrigueren, abaixant ella l'esguard amb piadosa expressió.
–No en facis cas, Marianneta: sempre serà un plaga de la parròquia.
–Un racionalista, cosineta: Ja m'ho he sentit abans.

La cosineta semblà comprendre tota la falta d'intenció que duien aquelles escaramusses: ho donà a entendre amb un lleu moviment de cap de dreta a esquerra i una rialleta encisadora.

En honor de la veritat, marit i muller, encara que profundament devots, no eren fanàtics ni tenien l'antipàtica intole-

des Wohlstands befällt. Von dem dunklen Hintergrund hob sich angenehm elegant die gut proportionierte, in schwarze Seide gekleidete Gestalt der angeheirateten Cousine ab, besonders ihr blonder, von einem Sonnenstrahl vergoldeter Haarkranz und ihr schmales, elfenbeinhell getöntes Antlitz mit dem geraden Profil; darin ein Kirschmund, freundliche Augen und eine helle Stirn, unmerklich unterteilt von zwei die Augenbrauen andeutenden dünn gezogenen Strichen. Das Bild vervollständigte Josefina, das adrette, ranke Hausmädchen mit seiner griechischen Physiognomie und seiner angenehm ernsten Haltung.

»Verdammt, dieser Junge ist wirklich glücklich! Was für eine hübsche Frau! Was für eine schöne Wohnung! Welch ein Frieden!« sagte sich Renom erneut.

Josep bot ihm einen Stuhl gegenüber von seiner Frau an. Bevor die Suppe ausgeteilt wurde, bekreuzigte sich das Paar.

»Ich hoffe, es stört euch nicht, wenn ich ...«, meinte Victorià ironisch.

Das Ehepaar lächelte und sie senkte verzeihend den Blick.

»Mach dir nichts draus, Mariannetta. Er wird bei religiösen Fragen immer den Witzbold machen.«

»Ich bin ein Rationalist, Cousinchen. So hat man mich jedenfalls eben genannt.«

Die Cousine schien zu verstehen, dass das Scharmützel nicht böse gemeint war, was sie mit einem leichten Kopfschütteln und einem entzückenden Lächeln zum Ausdruck brachte.

Um der Wahrheit die Ehre zu geben, muss gesagt sein, dass bei aller Frömmigkeit weder er noch sie fanatisch waren

rància d'aquells *Fervents d'ofici* que, més papistes que el Papa, porten per a la religió tots els perills d'un amic oficiós. Un i altre creien de debò; i, si pel pendent de l'hàbit lliscaven alguna volta fins a l'extrem de les ostentacions estrepitoses a què molts amics, per esperit profà de partit, es lliuraven, en adonar-se'n tornaven enrere i es recollien altra volta en l'adoració seriosa i tranquil·la d'una devoció veritable. La caritat, l'amor, aquell amor expansiu i ingenu de tots els grans cors, i més encara dels que, com aquells dos, no han ensopegat amb la persecució de la sort ni amb els aspres desenganys de la vida, era el fons de llur caràcter. Casats de joves, voltats d'abundància, sense pares ni fills amb qui partir l'amor de l'un a l'altre, vivien com dues tórtores en un paradís que embellien encara amb les esplendors dels idealismes de la fe. En vuit anys de matrimoni no s'havien separat ni un sol dia, no havien disputat ni una sola vegada, l'un a l'altre no s'havien dat ni un que dir. D'aquí venia l'anomenada que tenia aquest matrimoni de matrimoni model, d'aquí l'enveja bondadosa (més podria dir-se admiració) que despertava en l'esperit d'en Renom.

Durant el dinar parlaren alegrement de mil coses, feren esclatar bastant de rialles. Havent manifestat el foraster que l'objecte cabdal de son viatge era tenir una assentada amb son corredor per aprofitar la puja del paper, en Josep es brindà a acompanyar-lo fins a Llotja. S'hi oposà en Renom, fingint un esguard de llàstima envers sa cosina; però, com aquesta exci-

und nicht die abstoßende Intoleranz einiger Strenggläubiger an den Tag legten, die, päpstlicher als der Papst, der Religion mit ihrer Beflissenheit mehr schadeten als nutzten. Beide waren zutiefst gläubig. Aber wenn sie einmal in ihrem Verhalten ins Extrem allzu ostentativer Glaubensbezeigungen abrutschten, wie es so vielen Freunden einfach nur durch Mitläufertum geschah, dann korrigierten sie sich, sobald sie es merkten, und sammelten sich wieder in der ernsthaften und ruhigen Anbetung einer wahren Frömmigkeit. Die Nächstenliebe, die Liebe im Sinne jener alles umfassenden, unschuldigen Liebe aller großen Herzen, bildete die Grundlage ihres Charakters, um so ausgeprägter als die beiden zu den Menschen gehörten, die nie dem Glück hinterher laufen mussten und denen das Leben nie herbe Enttäuschungen bereitet hatte. Da sie jung geheiratet hatten, vom Überfluss umgeben waren, weder mit Kindern noch mit Eltern ihre Liebe teilen mussten, lebten sie wie die Turteltäubchen in einem Paradies, das sie mit dem idealistischen Glanz ihres Glaubens noch verschönerten. In den acht Jahren ihrer Ehe hatten sie sich nicht einen Tag voneinander getrennt, hatten kein einziges Mal miteinander gestritten und hatten einander nie Anlass zu einem Widerwort gegeben. Daher standen sie in dem Ruf, eine Modellehe zu führen, daher rührte der gutmütige Neid (geboren aus der Bewunderung), den Victorià Renom empfand.

Während des Mittagessens sprach man gut gelaunt über dies und das und brach hin und wieder in herzliches Gelächter aus. Als der Gast äußerte, dass der Hauptzweck seiner Reise eine Verabredung mit seinem Börsenmakler sei, um vom Anstieg seiner Aktien zu profitieren, bot Josep sich an, seinen Cousin bis zur Llotja, dem Börsengebäude, zu beglei-

tés son marit a acompanyar-lo, la companyia fou admesa de bon grat.

Acabat son fet de Llotja, havent realitzat un bon negoci, en Victorià es repenjà al braç de son cosí, i se l'emportà xano-xano, garlant, amb el doble estímul de la simpatia i del goig que un bon cop de mà ens causa, fins a la perruqueria d'en Duch.

—Que et vols fer tallar els cabells?
—Sí, home: si semblo un salvatge! A fora, noi, no sé com ens tornem.

En Josep, bo i començant a enyorar la seva Anneta, pujà a casa el perruquer. «Es faria repelar i rullar les puntes dels cabells. L'Anneta encara se n'alegraria: el trobaria més *guapetó*.»

Les dues sales eren plenes de gent. Davant de cada un dels grans miralls hi havia el respectiu parroquià: qui amb la barba monstruosament plena d'un sabó escumós, estufat com clares d'ou pujades, qui amb una galta mig afaitada i l'altra encara ostentant la llarga patilla; qui amb el cap cot, lliurant a l'estisora tot un bé de Déu de cabells, que queien ara per terra, místics i esqueixalats, en petita cascada de serrells. Ni els més presumits no veien un moment la trista figura que feien, embolcallats amb el pentinador i empastifats d'aquella manera, davant de desconeguts de qui s'haurien amagat si en trucar a casa els haguessin sorprès en cos de camisa.

ten. Renom versuchte ihn davon abzuhalten, indem er zum Schein um Mitgefühl für Marianneta warb. Da diese ihren Mann aber animierte mitzugehen, nahm Victorià die Begleitung dankbar an.

Nachdem die Börsengeschäfte mit einem guten Gewinn abgeschlossen waren, hängte Victorià sich bei seinem Cousin ein und schleppte ihn so ganz allmählich, unablässig plaudernd, doppelt angeregt von der wechselseitigen Sympathie und dem guten Geschäftsabschluss – zwei zuverlässigen Stimulantien – zum Friseurladen von Senyor Duch.

»Willst du dir die Haare schneiden lassen«?

»Ja, Mensch, ich sehe aus wie ein Wilder! Ich weiß nicht, wie wir da draußen in der Provinz so herumlaufen können.«

Obwohl Josep schon begann, seine Anneta zu vermissen, betrat auch er den Salon. Er würde sich noch mal rasieren und die Haarspitzen kräuseln lassen. Anneta würde sich freuen und ihn noch *fescher* finden.

Die beiden Räume waren rappelvoll. Vor jedem der großen Spiegel saß ein Kunde: hier einer mit einem wie mit geschlagenem Eischnee dick eingeschäumten Bart, dort einer mit einer halb rasierten Wange, auf der anderen Seite noch die lange Kotelette; ein anderer saß mit nach unten geneigtem Kopf und überließ der Schere seine prächtigen Haare, die nun schlapp und stückchenweise wie ein Fransenregen auf den Boden fielen. Nicht einmal die Eitelsten unter ihnen nahmen auch nur für einen Moment wahr, welch eine traurige Figur sie unter dem Frisierumhang und merkwürdig eingeschmiert vor all den unbekannten Leuten machten. Wären sie zu Hause so im Hemd überrascht worden, hätten sie sich schleunigst versteckt.

Però no era això el que considerava, tot atordit i escandalitzat, el bon Josep, sinó la impia conversa que en veu alta, per no dir cridant, sostenien aquells homes contra el matrimoni i en favor de la poligàmia. En Renom es moria de riure pensant en l'efecte que allò havia de causar a son cosí.

—Què t'han semblat, aquelles teories? —li preguntà en ésser al carrer.

—Senzillament indecents.

I en Renom, esclafint una gran rialla, l'agafà pel braç, i, formalitzant-se arreu, li replicà:

—Vina'm aquí: no siguis noi. Perquè ho sàpigues, cap d'aquells homes sostenia allò en *sèrio*; cap d'ells no era l'*impio* que tu creus: allò era senzillament una lluita de paradoxes a què l'home, en públic, s'acull sempre de bon grat per abandonar un moment la serietat de la vida, enfadosa i ridícula als ulls del desconegut o indiferent. No siguis noi, doncs: no t'escandalitzis per tan poca cosa: tu no tens experiència de la vida. Ja et dic: allí no hi havia altra intenció que la de fer un xic de broma, tirar a volar alguna paradoxa. Ara bé: saps per què t'escandalitzaves? Perquè en el fons de tot hi ha una veritat que ta consciència descobria, plena d'alarma.

—Anem! calla, calla, boig! No diguis ximpleses. Aquestes matèries són massa *sèries* per a tractar-les en broma, i és de mala criança fer-ne burla en públic.

Doch nicht dies verstörte und empörte den guten Josep, sondern die unfromme Unterhaltung, die diese Männer mit lauter Stimme, um nicht zu sagen, schreiend, gegen die Ehe und für die Polygamie führten. Renom starb vor Lachen bei der Vorstellung, welche Wirkung das Gespräch auf seinen Cousin haben musste.

»Na, was hältst du von all diesen Theorien?« fragte er ihn, als sie wieder auf der Straße waren.

»Einfach unanständig.«

Renom lachte laut, nahm Josep beim Arm, wurde dann aber wieder ganz ernst und erwiderte:

»Komm mal her zu mir, sei nicht kindisch. Du musst nämlich wissen: Keiner von denen da drinnen hat wirklich ernst gemeint, was er gesagt hat. Keiner ist so *unfromm* wie du glaubst. Das war einfach ein Gefecht von provozierenden Aussagen. In der Öffentlichkeit geben Männer sich dem gern hin, um für einen Augenblick den Ernst des Lebens zu vergessen, der ja in den Augen eines Unbekannten oder Unbeteiligten nur ärgerlich oder lächerlich erscheinen kann. Sei also nicht kindisch, reg dich nicht wegen einer solchen Kleinigkeit auf. Dir fehlt die Lebenserfahrung. Ich wiederhole noch einmal: Die da drinnen wollten nur ein bisschen Spaß machen, ein bisschen den Widerspruch provozieren. Aber weißt du, warum du dich empört hast? Weil da im Grunde an dem Ganzen doch ein Körnchen Wahrheit ist, und das hat dein Bewusstsein nun ganz alarmiert entdeckt.«

»Also geh, hör auf, hör auf damit! Du bist ja verrückt! Das ist Blödsinn! Diese Angelegenheiten sind zu ernst, um darüber Witze zu reißen, und es zeugt von schlechter Erziehung, wenn man sich darüber in der Öffentlichkeit lustig macht.«

En Renom hi convingué de bon grat; però al cap de poca estona tornà a relliscar sobre la conversa, donant-li un to mig seriós que encara la feia més alarmant.

–És clar que tot allò son disbarats, si es pren al peu de la lletra, però (creu-me a mi), per naturalesa, per instint, l'home és *polígamo*. Ara no parlem de lo que és bo i lo que és dolent. Ningú pretén sobreposar els estímuls de l'instint a la llei de la raó, preferir una forma salvatge a la civilitzadora institució del matrimoni. Per qui em prens? ... Parlem senzillament de fets experimentals. La dona que s'ho proposi farà bogejar el més pintat, desapariarà el matrimoni més unit.

–Calla, calla, ximplet!
–Si només un petó ...
–Vaja, prou: no en parlem més.

En Renom acabà amb una rialla grassa, i, apressant un xic el pas, arribaren a casa, on «aquell bojot» no tingué sinó el temps just de dir adéu a l'espiritual cosina per arribar a temps al tren.

Un matí, a les vuit, la cambra d'en Josep respirava, com cada dia en aquesta hora, tot el recolliment de la nit, malgrat que, per un finestró un xic badat entrava ja algun raig de llum que es fonia en claror grisa. Regnava encara, a dins, aquella tebior de dormitori no airejat, i, de les dues comunicacions que la peça tenia, sols era oberta la porteta que menava de l'alcova al recambró de rentar-se. A dos pams de la porteta queien els folgats cortinatges del llit, i, dins d'aquest, covant la xardo-

Renom stimmte ihm bereitwillig zu, doch nach einer Weile kam er auf das Thema zurück, diesmal in ernsterem Tonfall, was dem Ganzen nur einen alarmierenderen Charakter gab.

»Es stimmt, das ist alles Unsinn, wenn man das wörtlich nimmt; doch (glaub mir), von Natur aus, von seinem Instinkt her ist der Mensch polygam. Wir sprechen jetzt nicht darüber, ob das gut oder schlecht ist. Niemand wird die Triebe des Instinkts über die Gesetze des Verstandes stellen, das heißt, eine wilde Lebensform der zivilisierenden Institution der Ehe vorziehen. Wofür hältst du mich denn? ... Wir sprechen hier nur von einem hypothetischen Experiment. Die Frau, die es sich vornimmt, wird den besten Mann verrückt machen, wird die engste Ehe auseinanderbringen.«

»Hör auf, hör auf, Dummkopf!«

»Wenn nur ein Kuss ...«

»Genug jetzt, lassen wir das Thema.«

Renom ließ zum Abschluss ein breites Lachen hören. Die beiden beschleunigten ihren Schritt und, zu Hause angekommen, blieb »diesem verrückten Kerl« gerade noch Zeit, sich von seiner spirituellen Cousine zu verabschieden, wenn er pünktlich den Zug erreichen wollte.

Es war Morgens um acht, die Luft in Joseps Kammer war, wie jeden Tag um diese Uhrzeit, geschwängert von den Ausdünstungen der Nacht, obwohl durch einen Fensterspalt bereits ein schmaler Lichtstrahl drang, der in graue Helligkeit zerging. Drinnen herrschte noch die Dumpfheit eines nicht gelüfteten Schlafzimmers. Von den beiden Zugängen stand nur die kleine in den Waschraum führende Tür offen. Zwei Hand breit von dieser Tür entfernt befand sich bereits die

reta d'una matinada primaveral, anava apurant les delícies del no ésser, assaborint els encisos d'aquella son prima que és cada dia com una nova infància del nostre esperit per sa bromosa consciència i dolça vaguetat, en Josep. De sobte, un petó a *fior di labbra*, sospirat sobre son front, li féu, de primer, badar els ulls amb èxtasi; després, llançar-los amb estranyesa darrera una ombra de dona que fugia esfumant-se per la paret. Arrambà nerviosament la cortina immediata a la porta, s'incorporà tot en sec, i, per fi, cridà amb veu trencada: – Anneta! Marianneta!

Un silenci no esperat, però sí aclaparador, seguí a sos crits. Un moment, cinc segons només, restà parat, preguntant-se si estava despert o somiava, si aquell bes havia estat il·lusió o realitat. Donà una fortíssima estrebada a la campaneta, parà orella cap a la porta, i roig, però amb mirada que semblava alegrar-se-li per moments, acabà exclamant:

–No vindrà, no! prou era ella!
Ella era la Josefina, la correcta cambrera; encara que jamai no havia dat motius per a posar en sospita sa castedat i son caràcter seriós. «Però, no essent de la muller, de qui podia ésser, aquell bes ardent, cautelós i dolç alhora, sinó de qui era digne d'agradar com la Josefina ho era?»

I tornà a aplicar l'orella cada cop més prop de la porta, el sobresalt, la sorpresa, la vergonya, una esperança sensual,

von schweren Vorhängen umgebene Bettstatt. In den Kissen brütete Josep die Wärme eines angehenden Frühlingsmorgens aus, genoss bis zum letzten Moment die Herrlichkeit des Nicht-Seins, kostete den Zauber jenes leichten Schlafs aus, der jeden Tag mit seinem undeutlichen Bewusstsein und seiner süßen Unbestimmtheit wie eine neue Kindheit unseres Geistes ist. Plötzlich veranlasste ihn ein ganz leicht *a fior di labbra* auf seine Stirn gehauchter Kuss zunächst, die Augen vor Entzücken weit aufzureißen, dann befremdet dem Schatten einer fliehenden Frauengestalt nachzustarren, die durch die Wand verschwand. Nervös riss er den Bettvorhang neben der Tür zur Seite, setzte sich gerade im Bett auf und rief schließlich mit versagender Stimme: »Anneta! Marianneta!«

Eine unerwartete, dafür um so bedrückendere Stille folgte seinem Ruf. Einen Augenblick, höchstens fünf Sekunden, blieb er unbeweglich sitzen und fragte sich, ob er wachte oder träumte, ob der gerade empfangene Kuss Einbildung oder Wirklichkeit war. Er zog heftig an der Klingelschnur, horchte zur Tür hin und sagte sich schließlich mit rotem Kopf, aber für Sekunden scheinbar freudig aufleuchtenden Augen:

»Sie kommt nicht! Dann war sie es also!«

Sie, damit war Josefina gemeint, das adrette Hausmädchen, obwohl sie noch nie Anlass gegeben hatte, ihre Keuschheit und Ernsthaftigkeit in Zweifel zu ziehen. »Aber wenn der Kuss nicht von seiner Frau kam, wer hätte ihm dann einen so glühenden, zugleich vorsichtigen und sanften Kuss auf die Stirn drücken können? Höchstens doch eine, die es verdiente, dass man an ihr Gefallen fand, wie eben Josefine.«

Er horchte angestrengter zur Tür hin; der Schreck, die Überraschung, die Scham und eine sinnliche Erwartung mal-

pintats a la cara. Però al bulliment de son esperit responia un total silenci, en el qual ni es permetien ressonar els sorolls somorts del moviment exterior: res, una buidor que gelava, que ja començava a posar-lo frenètic.

En Josep no pogué contenir-se més: saltà del llit, es vestí amb quatre esgarrapades, i eixí del dormitori.

—Anneta! Josefina!
Res: *tothom* era fora.

«D'on havia eixit, doncs, aquell petó roent que encara li cremava el front com brasa de foc? No era il·lusió d'un somni, no; perquè encara se'l sentia, encara veia escórrer-se per les parets l'ombra d'una dona, li brunzia a l'orella el refrec de ses faldilles.» I en sa imaginació es pintaven les de la Josefina, d'aquella cambrera de contorns delicats i seriosa aparença.

Però el segon cop que passava per davant la cuina se li ocorregué empènyer la porta, mig badada d'aquesta dependència. Davant dels fogons, d'esquena a la porta, hi havia la Marcel·la, una minyona rabassuda, d'uns vint-i-tres anys, que amb el ventall a les mans atiava nerviosament el foc.

En Josep restà parat, es tornà roig un moment, intentà anar-se'n sense badar boca, però una força estranya el retingué clavat al peu de la porta, fits ells ulls en aquella dona de baixa mà, que seguia girada d'esquena i ventant de valent.

—Marcel·la! —féu de sobte, en Josep. —Que no m'ha sentit cridar?

I, en sonar sa veu, veié estremir-se d'espant les espatlles

ten sich in seinem Gesicht. Doch dem Aufruhr seiner Seele antwortete eine vollkommene Stille, in die nicht einmal die abgeschwächten Geräusche von Außen drangen. Da war nichts, nur eine eisige Leere, die ihn aus der Fassung brachte.

Josep konnte nicht mehr an sich halten; er sprang aus dem Bett, zog sich hastig etwas über und verließ das Schlafzimmer.

»Anneta! Josefina!«

Nichts: *alle* waren weg.

»Wer hatte ihm dann aber den glühenden Kuss gegeben, der ihm noch wie ein Feuermal auf der Stirn brannte? Nein, das war kein Traumbild gewesen; denn noch immer fühlte er die Berührung, noch immer sah er den Schatten einer Frau durch die Wand verschwinden, hörte er das Rauschen ihrer Röcke.« Seine Vorstellung zeichnete ihm die Umrisse Josefinas, des Hausmädchens mit der schmalen Figur und der ernsten Erscheinung.

Als er zum zweite Mal an der Küche vorbeikam, fiel es ihm ein, die halb angelehnte Tür aufzustoßen. Vor dem Herd, mit dem Rücken zu ihm, stand Marcel·la, ein stämmiges, dreiundzwanzigjähriges Mädchen, und wedelte nervös mit dem Fächer um die Glut anzufachen.

Josep blieb stehen, wurde plötzlich rot und wollte dann ohne etwas zu sagen weggehen, aber von einer seltsamen Kraft an der Tür zurückgehalten starrte er diese Frau von niedriger Herkunft an, die ihm weiterhin den Rücken zudrehte und heftig fächelte.

»Marcel·la«, sprach Josep sie kurz entschlossen an, »hast du mich nicht rufen hören?«

Er sah, wie die Köchin beim Klang seiner Stimme zusam-

de la cuinera, que, sense tombar-se ni fer aire d'abandonar sa tasca, donà per resposta una negació amb veu tremolosa.

–Com, que no!
–No senyor. Com que ...
Aquí, un espetec de carbó, miniatura de ramellet de coets feta amb guspires esgranades pels aires que petaven com cruixits de canya, es menjà les altres paraules, ja dites a mitja veu. Aquell espetec de foc desordenat semblà comunicar igual desordre i calor a les sangs d'en Josep. Plantat encara al peu de la porta, es sentia batre amb força els polsos, una onada de sang calenta entre carn i pell li enrogia la cara, li encenia els ulls com altres guspires; mentre en son esperit lluitaven sentiments i desigs contraposats. Aquella figura feta a cops d'aixa, toscament vestida, voltada de cassoles suoses i fumades, i coronada d'espurnes de foc com una bruixa, no era certament per agradar al marit de l'espiritual Anneta, menys, encara, per a fer trencar tota una conducta irreprotxable de fidelitat, de devoció seriosa, de conviccions fermes. I, no obstant, en Josep seguia clavat allí, estranyament remogut d'ira i voluptuositat. L'irritava veure la irrespectuosa positura d'aquella serventa seva, que seguia girada d'esquena, mig cos decantat sobre el fogó, el ventall encara a les mans, omplint l'espai de fum i espurnes amb increïble obstinació, i d'altra banda sentia com cert plaer bestial en la contemplació d'aquella naturalesa salvatge que semblava brindar-lo a una lluita feréstega, no exempta d'atractius quan l'esperit està embriac. Veia un garrot de braç bru i forçut, una cabellera abundant i cerosa enrotllada en forma de gruixuda trena damunt un coll cepat i de vigorós color, i en la cintura fornida i en els replens costats

menfuhr. Ohne sich umzudrehen oder Anstalten zu machen ihre Arbeit zu unterbrechen, verneinte sie mit zitternder Stimme.

»Wieso nicht?«

»Nein, Senyor. Weil ich …«

Zerplatzende Kohle, ein winziges Feuerwerk von durch die Luft stiebenden und wie brechendes Rohr knallenden Funken, verschluckte die restlichen nur noch leise gesprochenen Worte. Der ungeordnete Ausbruch des Feuers schien sich auf Josep in Gestalt einer ebenso ungeordneten hitzigen Aufwallung seines Blutes zu übertragen. Noch immer an der Tür stehend fühlte er, wie sein Puls hart schlug, eine heiße Blutwelle stieg in ihm hoch und rötete seine Gesichtshaut, seine Augen glühten wie Funken anderer Art, während in ihm gegensätzliche Gefühle und Wünsche miteinander kämpften. Die derbe, grob gekleidete Gestalt – wie eine Hexe von fettigen, dampfenden Töpfen umgeben und von sprühender Glut gekrönt – war gewiss nicht beschaffen, dem Gatten der spirituellen Anneta zu gefallen und noch weniger, ihn zum Bruch einer bislang ohne Fehl bewahrten Treue, einer ernsten und von festen Überzeugungen getragenen Hingabe zu veranlassen. Und doch stand Josep da wie angewurzelt, aufgewühlt von Zorn und Begehren. Ihn verwirrte die respektlose Haltung seines Dienstmädchens, das ihm immer noch den Rücken zudrehte und, halb über den Herd gelehnt, den Fächer noch in der Hand, in unglaublicher Verstocktheit den Raum mit Rauch und Funken füllte. Andererseits empfand er einen tierischen Genuss bei der Betrachtung jener wilden Natur. Es war wie die Teilhabe an einem primitiven Kampf, der zweifellos eine gewisse Anziehungskraft besitzt, besonders, wenn

trobava incentius inexplicables. «Era la dona de foc, la que li havia segellat el front amb la roentor de sos llavis.»

–Giri's, d'una vegada! –cridà, fora de seny, el pobre Josep–. Digui: no m'ha sentit cridar? No era vostè, que ha entrat a l'alcova?

Un cop de timbre a la porta del pis ofegà la resposta. I, en fer-se enrere fins al corredor, en Josep veié son cosí, seguit de la cambrera, avançant amb els braços oberts i la rialla de sempre als llavis.

En Josep no s'abraçà amb son cosí: respongué embarbussat a son salut, i, desconcertat i tremolós, se l'emportà per la mà vers son dormitori. El desordre de ses faccions (encara trontollants i enceses), el tremolor de sa veu, i el desconcert, que malament procurava amagar, de sos moviments, no podien passar inadvertits a en Renom.

–Què tens, que et veig tan agitat?

–Res, res. Seu per aquí, que vaig a rentar-me. –I, dient això, s'escapolí cap al recambró, i s'esforçà, des de l'amagatall, a preguntar: –Quan has arribat?

–Ara –respongué concretament el cosí, capficat per la impressió primera.

Hi hagué dos minuts de silenci.

–Com has entrat? –Es sentí arreu, que preguntava en Josep.

der Geist berauscht ist. Er sah einen voluminösen, starken, braunen Arm, eine dichte, wie gewachst glänzende, pechschwarze Haarmähne, die als dicker Zopf über einen kräftigen Hals fiel, und fand in der vollen Taille und den ausladenden Hüften eine unerklärliche Verlockung. »Es war die Frau des Feuers, die ihm mit ihren glühenden Lippen das Siegel auf die Stirn gedrückt hatte.«

»Nun dreh dich doch endlich um!« schrie Josep außer sich. »Hast du mich wirklich nicht rufen hören? Warst du es nicht, die ins Schlafzimmer gekommen ist?«

Ein Klingeln an der Haustür erstickte die Antwort. Als er in den Flur zurücktrat, erblickte Josep seinen Cousin, gefolgt von dem Hausmädchen. Victorià kam mit ausgebreiteten Armen und seinem unverwüstlichen Lachen auf ihn zu.

Josep umarmte den Cousin nicht. Stotternd erwiderte er dessen Gruß und zog ihn verwirrt und zitternd in sein Schlafzimmer. Der verstörte Ausdruck auf Joseps Gesicht (noch zuckend und gerötet), das Zittern in seiner Stimme und die nur schlecht verhehlte Unsicherheit seiner Bewegungen entgingen Renom nicht.

»Was ist mit dir? Warum bist du so aufgeregt?«

»Nichts, nichts. Setz dich hierhin, ich gehe mich waschen.« Bei diesen Worten verschwand Josep im Waschraum und überwand sich, aus seinem Versteck heraus zu fragen: »Wann bist du angekommen?«

»Jetzt gerade«, antwortete der Cousin ohne Umschweife, noch immer dem ersten Eindruck nachhängend.

Darauf folgten zwei Minuten Schweigen.

»Wie bist du reingekommen?« Joseps Frage war überall zu vernehmen.

—Darrera meu pujava la cambrera, i, al sentir-me trucar, ha corregut a obrir la porta amb la clau que duia a la butxaca. I l'Anneta?

En Josep no responia, però son cosí repetí:

—I l'Anneta?
—Fora, a confessar —digué aquell amb veu trencada.

Un altre silenci, més llarg, seguí les darreres paraules. En Renom rumiava en va: ni de cent canes no queia en el que s'havia esdevingut. I aquí trencà l'embarassós silenci la sobtada aparició de la bona Anneta, que venia sorpresa i malhumorada d'haver trobat la cuinera escala avall, tota roja i no sabia com, i acomiadant-se per sempre més:

—Ai, Déu meu! amb aquest servei no hi ha carrera a fer! Ara figura't quina mosca l'ha picada! Quan he sortit l'he deixada tota contenta; la Josefina diu que no s'han barallat ...

Sort que el recambró era fosc i no podia veure's com mudava de colors en Josep.

—Ca! —saltà en Renom, sospitant, a la fi, més del que havia passat—; embolics que es fan per la plaça.

I es mossegà els llavis per ofegar la rialla que li saltava interiorment.

...

I diu en Renom que, son cosí, sols després de molts anys

»Hinter mir kam das Hausmädchen herauf. Als es sah, dass ich klingelte, hat es den Schlüssel aus seiner Tasche geholt und mir geöffnet. Und Anneta?«

Josep antwortete nicht, aber sein Cousin wiederholte die Frage.

»Und Anneta?«

»Sie ist zur Beichte gegangen«, kam schließlich die Antwort mit schwacher Stimme.

Ein erneutes, noch längeres Schweigen folgte auf die letzten Worte. Renom zerbrach sich den Kopf umsonst. Nie im Leben wäre er darauf gekommen, was passiert war. Hier wurde das verlegene Schweigen vom Erscheinen der guten Anneta unterbrochen. Überrascht und verstimmt berichtete sie, dass sie die Köchin ganz rot und aufgelöst unten an der Treppe angetroffen und dass diese ihren Dienst gekündigt habe.

»Du lieber Himmel! Auf das Dienstpersonal ist kein Verlass. Welche Laus der wohl über die Leber gelaufen ist? Als ich wegging, war sie noch ganz zufrieden und Josefina hat mir versichert, dass die beiden sich nicht gestritten haben ...«

Zum Glück war das Schlafzimmer dunkel, so dass Anneta nicht sehen konnte, wie Josep abwechselnd weiß und rot wurde.

»Na, so was!« rief Renom, der am Ende Schlimmeres vermutete, als wirklich passiert war, »das sind sicher irgendwelche Markthistörchen.«

Er musste aber die Lippen zusammenpressen um sich das aufsteigende Lachen zu verkneifen.

...

Renom erzählt, dass sein Cousin sich erst viele Jahre später

gosà, i encara tot roig i ple de pena, contar-li el que havia succeït, sense explicar-se ni el bestial capritxo d'aquella cuinera a qui mai no havia dit res, ni l'incendi brutal de què fou víctima, afegint, però, en honor d'en Josep, que, des d'aquell dia, mai més, mai més no es permeté fer matinada amb la porteta oberta.

getraut hat, ihm mit gerötetem Gesicht und immer noch voller Betroffenheit zu gestehen, was damals passiert war, ohne sich die wahnsinnige Anwandlung der Köchin, der er nie irgendeine Andeutung gemacht hatte, noch das brutale Aufflammen der Wollust, der er zum Opfer gefallen war, erklären zu können. Zu Ehren Joseps fügt Renom allerdings hinzu, dass sein Cousin sich seit jenem Tag niemals mehr erlaubt hat, morgens bei geöffneter Tür im Bett liegen zu bleiben.

Natura

L'Eloi estava desesperat. Tot era anar del llit a la finestra i de la finestra al llit per veure sempre el mateix: al llit, la Tuies, seca, estirada i immòbil com una post, a l'hort, les mongetes desfullant-se, esgrogueïdes, escorrent-se canya avall, amb les tavelles més flonges i primes que si les haguessin escaldades.

Redéu, quina tristor! La Tuies vint-i-un dies sense obrir els ulls, ni moure el cos pel seu voler, ni estar una hora sense exhalar «Ic! ... ic! ... ic! ...», aquell gemec de la llima fina que tots els de la casa tenien clavat al cervell: ara roent com el foc, ara glaçada com la neu, sempre entre la vida i la mort, i amb cada esglai, amb cada sobresalt que els dava! ... «Vaja, que ni el metge, ni el manescal, ni el senyor rector, ni el curandero de les Borges, no hi havia entès res. Que sangoneres, que sagnies, que pegats, que cataplasmes, que begudes, que creus, que oracions ... Res no li havia fet res. Aquella malastruguesa no la hi trauria ningú del cos: prou estava condemnat a ésser aviat vidu com un dia a morir, prou! Sempre aquell ‹Ic! ... ic! ... ic! ...›, que ja tenia clavat al clavell; sempre aquella boca badada, més seca i negra que un canyot florit, i aquells ulls tan pregons, i aquella color de pomes agres a la cara; en aquella

Natur

Eloi war verzweifelt. Immer wieder ging er vom Bett zum Fenster und vom Fenster zum Bett, um ständig nur dasselbe zu sehen: im Bett die Tuies, ausgemergelt, reglos hingestreckt wie ein Brett; im Garten die ihre Blätter verlierenden, schlaff an den Stangen herunterhängenden, gelb werdenden Bohnen mit Schoten, noch labbriger und dünner, als wenn man sie verbrüht hätte.

Mein Gott, was für ein trauriger Anblick! Die Tuies lag schon einundzwanzig Tage so da, ohne die Augen zu öffnen oder den Körper aus eigener Kraft zu bewegen. Keine Stunde verging, ohne dass das beim Ausatmen hervorgestoßene »Igh! ... Igh! ... Igh!.« zu hören war, dieses stöhnende Geräusch einer feinen Feile, das sich im Kopf aller Hausbewohner festgesetzt hatte. Mal glühte die Frau wie Feuer, mal war sie eiskalt wie Schnee, ständig zwischen Leben und Tod schwebend und Anlass von so manchem Schrecken und Aufruhr. »Ja, weder der Arzt noch der Tierarzt, weder der Herr Pfarrer noch der Quacksalber aus Les Borges hatten Rat gewusst. Blutegel, Aderlässe, Pflaster, Umschläge, Heiltränke, Kreuze, Gebete ... Nichts hatte geholfen. Von diesem Siechtum würde es keine Rettung für den Körper seiner Frau geben. Er war dazu verurteilt, bald Witwer zu werden, so wie

cara xuclada pel mal, que ja no era sinó pell i os i ni fesomia guardava de la Tuies d'abans!»

I, de la cara, l'Eloi llançava la vista al llarg d'aquell cos eixancarrat com una A, enfonsat dins del matalàs que ni dins d'un motllo, reduït a la menor dimensió de gruix: ni *sombra* de la Tuies d'abans!

—Tan *maca* que era! tan grossa que havia estat!

—Ic!... ic!... ic!

—Què tens? què et fa mal? No et despacientis. Té: vols un xic de *medecina*?

I, agafant el porronet, li remullava la resseca i negra boca amb un rajolí del cordial, que omplia la cambra de fortor d'èter, fins que la malalta, extenuada, sense forces, en restituïa un xic per no escanyar-se, i, portant als ulls les darreres energies de l'instint de conservació, els badava, i espremia amb ells un prec de misericòrdia. L'Eloi, esporuguit, li aixecava el cap, li torcava els llavis, li dava copets a l'esquena, i vençut el perill, esquivant a puntades de peu el gat, que eixia de sota el llit, o bé la gallina, que treia pota i cap per escletxa de la porta, se'n tornava a la finestra tot nerviós.

—Redéu, quina tristor! tant de temps enrere sense regar, aquelles mongetes es moririen! Quina grogor! ni tardanies gelades! Tot abrusat de set, la terra, com un vidre; els brots,

er dazu verurteilt war, eines Tages zu sterben, genug! Immer dieses Igh! ... Igh! ... Igh! ..., das ihm nicht aus dem Kopf ging; immer dieser geöffnete Mund, trockener und schwärzer als ein blühendes Schilfrohr, diese tiefen Augenhöhlen und diese bleiche Gesichtsfarbe von sauren Äpfeln. Dieses von der Krankheit verzehrte Gesicht aus Haut und Knochen hatte nichts mehr von dem Aussehen der früheren Tuies!«

Vom Gesicht wanderte Elois Blick den Körper hinunter. Die Beine einem A gleich gespreizt war die Frau in der Matratze tiefer als in einer Gussform versunken, reduziert auf die minimalste Erhebung: nicht der Schatten der Tuies von einst!

Wie hübsch war sie gewesen! Wie kräftig!

»Igh! ... Igh! ... Igh!«

»Was hast du? Was tut dir weh? Hab Geduld. Hier: Willst du ein bisschen *Medezin*?«

Er nahm das Fläschchen und befeuchtete den trockenen, schwarzen Mund mit einem Strahl des Stärkungsmittels, das den Raum sogleich mit seinem Äthanolgeruch erfüllte, bis die Kranke erschöpft und kraftlos einen Teil zurückgab um sich nicht zu verschlucken. Unter Aufbringung der letzten Kräfte ihres Selbsterhaltungstriebs öffnete sie die Augen, in denen die flehentliche Bitte um Mitgefühl lag. Verängstigt hob Eloi ihren Kopf an, betupfte ihre Lippen, klopfte ihr leicht auf den Rücken und ging, als die Gefahr vorüber war, nervös zum Fenster zurück, wobei er der unter dem Bett hervorkriechenden Katze einen Fußtritt versetzte und ebenso dem Huhn, das Kopf und Kralle durch den Türspalt steckte.

»Mein Gott, was für ein trauriger Anblick! So lange schon war der Garten nicht mehr bewässert worden, die Bohnen würden sterben! Wie gelb sie schon waren! Da war nicht an

tots colltorçats. I tantes parades, tant de bé de Déu! ... I tenint aigua i podent-les muntar com aquelles del veí, que fa tant de goig! I avui, dissabte, té, avui, que em torna a tocar l'aigua i que la Roseta i el mosso han hagut d'anar a mercat, la Tuies més mala, el metge dient «No et moguis, que se't pot morir» i les hores de l'aigua passant, passant, passant, i el mal encallat, sense avant ni enrere. Redéu! redéu! Una setmana més, i aquestes mongetes, sense una aberurada, són mortes, ben mortes! I gasta en metges i apotecaris i curanderos, i contempla com se't perd el fruit d'aqueixes parades, com se't moren les tomaqueres i els melonars, com la secada se't xucla tot el producte que em cal ja no sols per a pagar els que no em saben adobar la dona, sinó per al planter i les llavors del vinent esplet! Contempla-t'ho, Eloi, contempla-t'ho plegat de braços, mentre el mal va fent son fet i, si per al d'aquí dalt no hi ha remei, per al de baix jo encara en tinc! ... I l'aigua, i l'aigua es perd! – exclamà a la fi, cloent els punys i llançant l'esguard a remots confins del cel com buscant conhort a sa desesperació.

Nou o deu parades, en masses amples i llargues com regiments formats en columna d'honor, s'estenien a sos peus margenant el riu d'aquest cantó. Totes eren seves; però quin con-

eine späte Ernte nach dem ersten Frost zu denken! Alles verzehrte sich vor Durst: Die Erde war hart wie Glas, alle Sprossen ließen die Köpfe hängen. So viele Beete, ein wahres Gottesgeschenk. ... Und es gab ja Wasser, alles könnte so wachsen wie beim Nachbarn, eine wahre Freude! Und heute, ausgerechnet heute, Samstag, wo die Reihe wieder an mir ist und ich das Wasser in meinen Garten leiten kann, mussten Roseta und der Knecht auf den Markt gehen, der Tuies geht es schlechter, der Arzt hat mich gewarnt: ›Beweg dich nicht von ihrer Seite, sie kann dir wegsterben‹, die Stunden, in denen ich bewässern könnte, gehen vorbei, vorbei, vorbei und die Krankheit steckt fest, geht weder vor noch zurück. Mein Gott! Mein Gott! Noch eine Woche ohne Wasser und die Bohnen sind tot, mausetot! Dazu die Ausgaben für die Ärzte, Apotheker und Quacksalber und sieh nur, wie die Frucht der Beete eingeht, wie die Tomatenstauden und die Melonenpflanzen dir wegsterben, wie die Trockenheit die ganze Ernte verzehrt, die ich nicht nur brauche um all die zu bezahlen, die meine Frau nicht gesund machen können, sondern auch um Stecklinge und Samen für die nächste Aussaat zu besorgen! Sieh genau hin, Eloi, sieh hin mit verschränkten Armen, während die Krankheit ihren Gang geht. Wenn es hier oben kein Heilmittel gibt, so habe ich doch eins für da unten! ... Aber das Wasser, das Wasser geht verloren!« rief er endlich aus, ballte die Fäuste und warf seinen Blick in die weite Tiefe des Himmels, als suche er dort Trost in seiner Verzweiflung.

Neun oder zehn Beete erstreckten sich zu seinen Füßen neben dem Fluss in Reih und Glied, wie zur Ehrenparade angetretene Regimenter. Alle gehörten ihm; aber wie sehr

dol, per a aquell pagès endarrerit que n'esperava el grapat de dobles de quatre necessari per a tirar endavant, veure-les convertides en immens canyar de tardor al mig de les ufanoses i verdes plantades del voltant! Cada canya d'aquelles (i hi eren mils), desfullada i decantant-se a tort i dret amb desmai d'inutilitat i d'abandó, era per a l'Eloi una llança que se li clavava al cor. La comparació de sa dissort amb la bona estrella del veí li removia fins al fons de l'ànima les agrors de l'enveja que la cobdícia satisfeta hauria mantingut estacionàries. «Oh! quin verd més viu que prenien, les parades del veí, al costat de les seves!»

–Ic!... ic!... ic!...

L'Eloi, forassenyat, tornà a guaitar a l'alcova.

–Què tens? què et fa mal? No et despacientis. Té: vols un xic de *medecina*?

Però en atansar-s'hi amb el porronet en l'aire, li suspèn l'acció un petit ranall.

–Tuies! Tuietes! què tens? –li diu amb dolç accent, mogut per la tendresa que li desperta aquell estat llastimosíssim. Era la companya de sa vida; aquella que dugué a l'altar, ple d'il·lusions i d'esperança; la que li portà al món tots els fills, la Roseta, son consol d'avui; la que plorà amb ell tants de fills perduts; la que s'havia escarrassat trenta anys seguits per sostenir la casa.

I estigueren dos minuts, ell mirant-la enternit i esgarrifat; ella sense pestanyejar, respirant amb rogall, plana i estirada com una post. Aquell ranall, de primer feble, llunyà i inter-

schmerzte es den in seiner Arbeit zurückgeworfenen Bauern, der sich davon die für seine weitere Existenz nötige Handvoll Viererdublonen erhoffte, sie im Herbst in ein riesiges trockenes Röhricht inmitten der sie umgebenden üppigen grünen Anpflanzungen verwandelt zu sehen. Jede der dort aufgestellten blattlosen, nutzlos und verlassen sich in alle Richtungen ohnmächtig biegenden Stangen (und es waren Tausende) stieß Eloi wie eine Lanze ins Herz. Der Vergleich seines Unglücks mit dem glücklichen Geschick seines Nachbarn wühlte tief in seiner Seele die Bitterkeit des Neides auf, der sich nicht bemerkbar gemacht hätte, wenn sein Ehrgeiz befriedigt worden wäre. »Wie saftig grün waren doch die Beete seines Nachbarn neben seinen eigenen!«

»Igh! ... Igh! ... Igh! ...«

Völlig außer sich blickte Eloi zum Alkoven.

»Was hast du? Was tut dir weh? Hab Geduld. Hier: Willst du ein bisschen *Medezin*?«

Als er sich aber mit dem erhobenen Fläschchen dem Bett näherte, hielt ihn ein spitzer kurzer Schrei zurück.

»Tuies! Kleine Tuies! Was hast du?« fragte er sanft, gerührt von ihrem bemitleidenswerten Zustand. Sie war die Gefährtin seines Lebens; die Frau, die er voller Illusion und Hoffnung zum Altar geführt hatte; die ihm alle Kinder geboren hatte, darunter die Roseta, sein Trost in dieser Zeit; es war die Frau, die mit ihm alle verlorenen Kinder beweint und die sich dreißig Jahre lang bei der Führung des Haushalts verausgabt hatte.

So verbrachten sie zwei Minuten: er, indem er sie zärtlich und erschrocken betrachtete, sie, ohne die Lider zu bewegen, geräuschvoll atmend, flach ausgestreckt wie ein Brett.

mitent, anava accentuant-se, pujant, fent-se continu. Les conques dels ulls se li emmoradien, una suor freda li perlejava damunt dels llavis, als polsos, pel front; el nas se li aprimava i esblanqueïa ... «Si serien senyals de mort?»

–Redéu, redéu! I tot sol a casa, i els dels masos veïns també a mercat!

Son esguard, frisós de companyia, s'escampà per l'ample espai enllà enllà de la finestra, oberta de bat a bat com a l'agost que era. Un sol groc, enlluernador, abrusava la plana, en gran part barrada a la vista per atapeïdes masses d'olivers. Sols el sobtat piulet d'algun ocell que volava com sageta, i la pregona remor del proper riu, trencaven el silenci universal d'aquella creació adormida: ni un pet de tralla, ni el ressò d'una esquella, ni el grinyol d'una porta, ni el glapit d'un gos, sota aquella pau i soledat solemnes que només el riu gosava interrompre sorollós, arruant en ses aigües la saba robada a l'agonitzant mongetar. I aquest desvergonyit rondineig, ple de rialles i ploralles, sonava a l'orella del pagès com un cant de befa que li oprimia més el cor.

L'home es deixà caure a la cadira de l'espona, desolat i rumiant. Les hores passaven, passaven, emportant-se'n la vida de la dona i la vida de les plantes, no duent a ningú cap esperança, cap consol, res, sinó la mort. I plorant a raig fet, remogut per un determini, l'Eloi s'aixecà:

Der Schrei wurde stärker; war er zunächst schwach, fern und unterbrochen, ging er nun in einen fortgesetzten Ton über. Tuies' Augenhöhlen färbten sich dunkel, Perlen von kaltem Schweiß bildeten sich über ihren Lippen, an den Schläfen, auf der Stirn; ihre Nase wurde schmal und weiß. »Waren das die Anzeichen des Todes?«

»Mein Gott, mein Gott! Und ganz allein zu Haus und die Nachbarn von den umliegenden Höfen auch auf dem Markt!«

Sein unruhig nach Gesellschaft suchender Blick schweifte hinaus in den offenen Raum durch das wegen der Augusthitze weit geöffnete Fenster. Eine gelbe, blendende Sonne versengte die von dichten Olivenhainen unterbrochene Ebene. Nur das plötzliche Pfeifen eines pfeilartig vorbeischießenden Vogels und das tiefe Murmeln des Flusses unterbrachen die universale Stille der schlafenden Schöpfung. Kein Riemenknall, keine Schelle, kein Quietschen einer Tür und kein Hundegebell waren zu hören in dieser feierlichen Stille und Einsamkeit, die nur der Fluss geräuschvoll zu unterbrechen wagte, dessen Wassermassen die dem sterbenden Bohnengarten geraubten Lebenssäfte davontrugen. Das schamlose Geplapper voller Lachen und Weinen klang in den Ohren des Bauern wie ein Spottlied, geeignet ihm das Herz noch schwerer zu machen.

Der Mann ließ sich auf den Stuhl neben dem Bett fallen, verzweifelt nach einer Lösung suchend. Die Stunden verstrichen, verstrichen nutzlos, das Leben der Frau und der Pflanzen mit sich nehmend, ohne auch nur einem von beiden irgendeine Hoffnung, irgendeinen Trost zu bringen, nur den Tod. Die Tränen schossen ihm in die Augen. Von einem Entschluss getrieben erhob sich Eloi:

–Mira, Tuies –li diu–: tu te'n vas, com bona cristiana, resignada, a l'altre món. La Roseta i el mosso són fora. És la tercera tanda d'aigua que em deixo perdre. Si no rego avui, perdem tot el mongetar; però el riu té encara per a les plantes el remei que no ha tingut (redéu! redéu!) el senyor metge per a tu.

La malalta, aquí, badà un ull tristíssim, i encara tingué esma per a fer que sí amb el cap.
–Vull dir que ...– afegí l'Eloi ennuegant-se –vull dir que ... entre l'esperança i la mort ... vaja, que tu, que sempre has mirat tant per la casa i mai no has estat desenraonada ... no sé com dir-t'ho, vaja! ...

Però la pobre malalta, com concentrant tots els darrers alens de vida, prengué dèbilment la mà de son marit, badà altre cop els ulls, in *enraonada, enraonada* com sempre, l'animava a acabar fent que sí, que sí.

–Vull dir ... que em perdonaràs.
Que sí, que sí, seguia fent el cap agonitzant de la malalta.
–Déu se t'emporta. Això és segur.
Que sí, que sí.
–Ahir et van dar el combregar. ... Si ara et vaig a buscar el rector també t'he de deixar sola.

Que sí, que sí.
–Un pic Nostre Senyor se t'hagi endut ... també t'hauré de vestir: no?
Que sí, que sí.

»Schau mal, Tuies«, sprach er zu seiner Frau, »du gehst als gute Christin schicksalsergeben von dieser Welt. Die Roseta und der Knecht sind nicht zu Haus. Es ist das dritte Mal, dass ich die Wasserzuteilung verliere. Wenn ich heute nicht bewässere, gehen alle Bohnenpflanzen zugrunde; der Fluss hat aber für die Pflanzen noch das Heilmittel, das der Herr Doktor (mein Gott! mein Gott!) für dich nicht gehabt hat.«

Bei diesen Worten öffnete die Kranke ein tieftrauriges Auge und fand noch die Kraft mit dem Kopf zu nicken.

»Ich will sagen ...«, setzte Eloi mit zugeschnürtem Hals hinzu, »ich will sagen ... zwischen der Hoffnung und dem Tod ... na ja, ich meine, du hast dich doch immer um das Haus gekümmert und warst nie unvernünftig ... ach, verflixt, ich weiß nicht, wie ich es dir sagen soll! ...«

Die arme Kranke aber, wie unter Ansammlung ihres letzten Lebenshauchs, nahm schwach die Hand ihres Mannes, öffnete noch einmal die Augen und *vernünftig, vernünftig* wie immer ermunterte sie ihn, das zu tun, was er vorhatte, ja doch, ja.

»Ich meine ... du wirst mir verzeihen?«

Ja doch, ja, nickte der sterbende Kopf der Kranken.

»Gott wird dich zu sich nehmen. Das ist sicher.«

Ja doch, ja.

»Gestern hat man dir die heilige Kommunion gebracht. ... Wenn ich jetzt den Pastor hole, muss ich dich auch allein lassen.«

Ja doch, ja.

»Hat dich unser Herr einmal geholt, muss ich dir auch das Totenhemd anziehen, nicht wahr?«

Ja doch, ja.

–Vull dir ... Tu sempre has estat enraonada i ja m'entens. Vull dir que ... si et vestís ara ... saps? ... podria da una abeurada a les mongetes i salvàvem els nostres cabals.

Una espurna de foc, on es podien trobar lluïssors de la santa joia dels màrtirs, lluí en aquells ulls, ja quasi apagats del tot, i l'accent afirmatiu del cap s'accentuà encara més. Que sí, que sí.

Llavors, l'Eloi, fregant-se els ulls amb el revés de la mà, obrí la calaixera, i, trobant en el cant del riu accents de generositat i esperança, amortallà sa muller de viu en viu.

»Ich meine ... Du warst immer vernünftig, du verstehst mich schon. Ich meine ... wenn ich dich jetzt ankleiden würde ... weißt du? ... Dann könnte ich die Bohnen bewässern und wir würden unsere Wasserzuteilung nicht verlieren.«

Ein feuriger Funke leuchtete in den schon fast erloschenen Augen auf. Man konnte darin etwas von dem Glanz der heiligen Freude der Märtyrer finden. Das zustimmende Kopfnicken verstärkte sich. Ja doch, ja.

Da wischte Eloi sich mit dem Handrücken über die Augen, öffnete die Kommode und beim Klang des Flusses, in dessen Gesang er nun Zeichen von Großmut und Hoffnung entdeckte, bahrte er seine Frau bei lebendigem Leib auf.

La fàbrica

Vallfonda era, fa vint anys, un llogaret rònec, miserable, ajocat a la falda de Montoliu entre oliveres, vinya i bosc. No tenint per camins sinó un parell de viaranys de ferradura, i trobant-se enclotat en aquella frau sense història, gairebé, llevat de sos veïns, ningú no el coneixia.

Era, no obstant, un recó pintoresc, de clima temperat, dotat d'elements envejables que aquells habitants no sabien aprofitar. La riera de Bramuls fressejava a sos peus sota la gemada verdor de grans nogueres i roures, d'entre els quals ressortien, ací i allà, alterosos plomalls de pollancres que el ventijol estremia i argentava tot sovint. L'aigua corria adelerada cap a Cardoner, encabritant-se escumosa per damunt dels còdols; jugava amb els palets com la canallusa a boles; feia el seu camí esbojarrada, cantant, rient sempre, com si es mofés dels vallfondencs, que no l'havien sabuda aprofitar sinó un instant allà al molí.

I era veritat; perquè de les quinze o vint moles d'aigua que la riera duia, no en treballaven sinó un parell al Molí d'Amunt.

Die Fabrik

Vallfonda war vor zwanzig Jahren eine nichtssagende, elende kleine Ortschaft am Hang des Montoliu, umgeben von Olivenbäumen, Weingärten und Wald. Da es nur Zugang über einige Eselspfade gab, kannte außer den Bewohnern kaum jemand den in diesen geschichtslosen Talkessel eingeschlossenen Flecken.

Nichtsdestotrotz war es ein pittoresker Winkel, begünstigt von einem gemäßigten Klima und mit beneidenswerten Möglichkeiten versehen; nur wussten die Einwohner sie nicht zu nutzen. Ein Bach, der Bramuls, rauschte zu seinen Füßen unter dem üppigen Grün großer Nuss- und Eichbäume, hier und da überragt von den hohen Federwischen einiger Pappeln, deren Blätter in leichten Windstößen immer wieder silbern erzitterten. Das Wasser floss geschwind nach Cardoner, hüpfte dabei schäumend über die Kiesel und spielte mit den flachen Steinen wie die Gören, wenn sie sie über die Oberfläche flitschen ließen; ausgelassen zog es seines Wegs, immer singend und lachend, als mache es sich über die Leute aus Vallfonda lustig, die nur da, wo die Mühle stand, einen kurzen Nutzen aus ihm zu ziehen wussten.

Und so war es; zwar hätte man mit der vom Bach geführten Wassermenge fünfzehn oder zwanzig Räder antreiben

Tot aquell devessall tenia alà sobrer per a deu vegades més. Moure aquella roda de caixons, esberlada, cruixida i llefiscosa, costava ben poc: ho feia l'aigua divertint-s'hi, com botant per una escala, tota frissosa de sentir l'aire jugar amb sa argentada cabellera.

Les dones de Vallfonda eren les úniques que tractaven encara d'aturar-la un xic més avall; però malviatge si ho sentia! Totes l'esperaven de genollons per confiar-li els secrets d'alcova, les murmuracions del veïnat, pretenent potser emmirallar-s'hi, les presumides! Però ella fugia robant-los el sabó, llançant a llurs peus la brutícia, fent befa d'aquelles cares suroses, d'aquelles cabelleres rústegues, del candor de confiar-li les secretes misèries del cos i totes aquelles flaqueses de l'ànima que les xerraires divulgaven a *tutiplé*. Ella ho rentava tot, i més avall contava, morta de riure a les fonts que se li ajuntaven, totes les misèries i flaqueses d'aquell veïnat.

Vallfonda, mentrestant, consumia la vida macilenta del cervell ensopit per una misèria hereditària. Pagesos tots aquells veïns, conreant de pares a fills els mateixos camps, sense veure mai altre horitzó que ell d'aquelles muntanyes on s'havia enclotat el poble com dins d'una olla, menjaven del que collien venut a mal preu, sense ambicionar res ni sospitar que pequessin d'imprevisors i pròdigs, ells que treballaven de sol a sol, enterraven la pesseta que podien atrapar, i estalviaven roba, aigua i queixalades!

können, doch nur zwei drehten sich an der Oberen Mühle. Die Strömung besaß zehnmal mehr Kraft. Das rissige, knarrende, glitschige Schaufelrad zu bewegen kostete herzlich wenig. Das Wasser vergnügte sich dabei als spränge es über eine Treppe, begierig die Luft zu spüren, die mit seiner silbernen Mähne spielte.

Die Frauen von Vallfonda waren die einzigen, die das Wasser ein Stück weiter unten noch einmal aufzuhalten suchten. Aber vermaledeit, wenn es darauf gehört hätte! Alle erwarteten es kniend, um ihm die intimsten Liebesgeheimnisse oder Gerüchte aus der Nachbarschaft anzuvertrauen; womöglich versuchten sie auch sich in ihm zu spiegeln, die Eitlen! Doch das Wasser floh, raubte ihnen dabei die Seife, spülte den Schmutz an ihre Füße, spottete über ihre schweißgebadeten Gesichter, ihre zerzausten Haare und die Unschuld, mit der die Klatschbasen ihm haarklein das ganze geheime Elend ihrer Körper und die Schwächen ihrer Seelen beichteten. Das Wasser wusch alles und erzählte dann später, sich vor Lachen biegend, den hinzufließenden Quellen das vernommene Elend und alle Schwächen der Bewohner.

Währenddessen führte Vallfonda das Dämmerdasein eines unter einer vererbten Misere abgestumpften Gehirns. Die Einwohner, allesamt Bauern, bewirtschafteten seit Generationen dieselben Felder, ohne je einen anderen Horizont als die Berge gesehen zu haben, zwischen denen das Dorf wie in einem Topf eingekesselt lag. Sie lebten von ihrer zu einem niedrigen Preis verkauften Ernte, ohne nach etwas anderem zu streben und ohne auf den Gedanken zu kommen, dass sie wenig vorausschauend und vergeuderisch handelten, wenn sie von morgens bis abends arbeiteten, das irgendwie ergatterte

El mateix vell Comes, l'amo del molí, un dels pocs que havien traspassat aquelles muntanyes i vist un trosset més del món, satisfet del seu estat, mai no va arribar a somiar amb res millor que el molí. Les sitges de Vallfonda no daven ni per una mola més. Del que allí es molia, la família, el mosso, el mul, els gossos, en menjaven; els garrins, les gallines, les oques i els ànecs també. «Què més desitjar? Era tan petit aquell poblet, tan pobre, tan arreconadet!... Com somiar amb empreses ni millores?»

Però l'hereu Comes, ja mort son pare, pensà d'altre manera. Un seu oncle, negociant d'empeses a Barcelona, l'havia com qui diu escudellat d'aquella olla de cols quan tot just era un xaval. Un cop fora, el féu seguir fins al magatzem que tenia al carrer Sant Pere. Dades a un pobre les espardenyes i la roba de vellut agrisada fins a la trama per la farina, ben xollat el clatell i netes mans i cara, l'envià a estudi, el féu instruir per a comerç, i el posà darrera el taulell. Més tard el féu viatjar amb el mostruari i, finalment, bregar amb el diari i el major i amb la correspondència. Era ja ben granat, i ben baquetejat estava per homes i dones, quan el sorprengué la mort del pare.

Geld vergruben und an Kleidung, Wasser und Nahrung sparten.

Sogar der alte Comes, der Besitzer der Mühle, einer der wenigen, die über die Berge hinausgekommen waren und ein Stückchen mehr von der Welt gesehen hatten, war so zufrieden mit seiner Situation, das ihm nie etwas Besseres als die Mühle geträumt hätte. Das Tal von Vallfonda brauchte keine weitere Mühle. Von dem, was hier gemahlen wurde, lebten die Familie, der Knecht, das Maultier, die Hunde ebenso wie die Ferkel, die Hühner, die Gänse und Enten. »Was blieb da noch zu wünschen? Das Dörfchen, war so klein, so arm und so abgelegen! ... Wie sollte man da von Unternehmungen und Verbesserungen träumen?«

Doch der älteste Sohn vom Müller Comes dachte nicht so, nachdem sein Vater gestorben war. Ein Onkel, der in Barcelona mit Utensilien für die Textilherstellung handelte, hatte ihn, um beim Bild zu bleiben, wie ein Fleischstückchen aus dem Kohltopf herausgefischt, als er noch ein halbwüchsiger Junge war. In der Stadt angekommen, brachte der Onkel ihn in seinem Lager in der Carrer Sant Pere unter. Als dann die Espartsandalen und die vom Mehl bis ins Gewebe hinein grau gewordene Flanellkleidung einem Armen gegeben, der Kopf geschoren, Hände und Gesicht gewaschen waren, schickte er ihn in die Schule, ließ ihn für den Handel ausbilden und setzte ihn hinter das Schreibpult. Später wurde er mit dem Musterkoffer als Vertreter auf Reisen geschickt und schließlich sollte er sich mit der Buchführung, dem Großhandel und der Korrespondenz herumschlagen. So war er, durch viele von männlicher und weiblicher Seite erfahrene Widrigkeiten hindurch, herangereift, als plötzlich der Vater starb.

Tornar a caure a l'olla, fer-se moliner, llavors era impossible. Deixar el Peret y el Ramon, sos germans, i la Doloretes, sa germana, poc menys que al carrer amb la petita llegítima que els tocava, encara més impossible. Fer donació del molí a favor d'ells, i pensar que amb això assegurava l'esdevenidor de tres famílies, tampoc no cabia al magí de qui havia rodat el món i després en les agres experiències de la vida el que va de posseir coure a disposar d'or en començar l'accidentat pelegrinatge. Ell estimava el molí, bressol de sa infantesa; estimava, compadia aquells germans ignorants i desvalguts, estimava fins aquells pagesos, esclaus de la misèria, que daven a la terra llur sang, només per menjar uns quants dies i tornar li-ho tot, roba, carn i ossos, sense una mala mirada ni un crit de rebel·lió. «No! ni desfer-se del molí, ni abandonar els germans, ni oblidar els antics conveïns, ni oblidar tampoc aquell reconet de món, niu de records dolços, sagrat sepulcre de sos pares!»

Quan va estendre la vista damunt d'aquell poblet de suro, damunt d'aquells camps tan aspres i ben conreats, damunt d'aquells homes resignats a la ingratitud d'una terra improductiva, l'hereu Comes sentí pietat, força i desig de regenerar-ho tot. Amb son oncle n'havien parlat moltes vegades. «Més avall del molí s'hi podia aixecar una fàbrica de filats de llana, aprofitant un salt de setanta cavalls de força. Per què no fer-ho? Ell s'havia ja guanyat un capitalet de vint mil duros:

In den Topf zurückzufallen und Müller zu werden, war jetzt unmöglich. Seine Brüder Peret und Ramon sowie seine Schwester Doloretes mit dem kleinen Pflichtteil des ihnen zustehenden Erbes gleichsam auf die Straße zu setzen, war noch unmöglicher. Eine Schenkung der Mühle zu ihren Gunsten, um damit die Zukunft von drei Familien zu sichern, entsprach aber ebenso wenig den Vorstellungen des jungen Comes. Er war weit herumgekommen und hatte in der harten Schule des Lebens schon zu Beginn seiner hürdenreichen Wanderschaft gelernt, wie man mit Kupfer anfängt, um später Gold zu haben. Er liebte die Mühle, die Wiege seiner Kindheit; er liebte voller Mitgefühl seine unwissenden, hilflosen Geschwister, er liebte sogar die Bauern, Sklaven der Armut, die der Erde ihr ganzes Leben hingaben, nur um sich davon ein paar Tage zu ernähren und ihr dann alles zurückzugeben – Kleidung, Fleisch und Knochen – ohne irgendeine böse Regung zu empfinden oder einen Aufschrei der Rebellion hören zu lassen. »Nein, er würde weder die Mühle abgeben, noch seine Geschwister im Stich lassen, er würde die alten Nachbarn nicht vergessen und auch nicht jenen weltabgeschiedenen Winkel, ein Fleckchen schöner Erinnerungen und die geweihte Grabstätte seiner Eltern!«

Als sein Blick über das verschlafene Dorf schweifte, über die harten, aber sorgsam bestellten Felder, über jene an der Undankbarkeit einer unfruchtbaren Erde resignierten Menschen, empfand der junge Comes Mitleid, aber auch die Kraft und den Wunsch alles zu erneuern. Mit seinem Onkel hatte er oft darüber gesprochen. »Unter der Mühle könnte man eine Wollspinnerei errichten, indem man sich das Wassergefälle von siebzig Pferdestärken nutzbar machte. Was sprach also

l'oncle hi afegiria el que manqués. En Pere i la Doloretes viurien a la fàbrica; en Ramon portaria el molí. Vallfonda passaria de mort a vida.»

Oncle i nebot van pujar, un altre dia, a Vallfonda, amb un enginyer. Van mirar i remirar, van escollir el lloc, van estudiar la manera d'obrir camí de carro fins a la carretera, van calcular i comptar, i, un cop decidits, van emprendre tot seguit l'obra del camí de la fàbrica.

Dos anys després, vençuda la suïcida avarícia dels amos de les terres que el camí travessava, gastant en les obres dos terços més del que s'havia pressupostat, es beneïa i inaugurava la fàbrica amb repics de campanes i alegria general. El mateix Comes, davant del rector, de l'Ajuntament, del que hi havia de milloret al poble, obrí el toledor de la sèquia, on l'aigua reposava tranquil·la i pura fins a transparentar els trossets de pedra i rajol que al fons guardava amb alguna fulla despresa dels arbres veïns. Un bell sol de juny flamejava dins del líquid, argentava les parets, nacrava els vidres del nou edifici, espurnejava entre la tendra vegetació dels voltants. Oberta la resclosa, l'aigua avançà majestuosament, i, en arribar a caire, es despenjà tota escumosa dins del pou, llançant diamantins esquitxos, deixant encastats a la reixa fulles i palets.

dagegen? Er hatte ein kleines Kapital von zwanzigtausend Duros angespart; der Onkel würde den Rest dazutun. Pere und Doloretes könnten von der Fabrik leben; Ramon würde die Mühle weiterführen. Vallfonda würde vom Tod zum Leben erwachen.«

An einem der nächsten Tage stiegen Onkel und Neffe mit einem Ingenieur nach Vallfonda hinauf, sahen sich alles genau an, wählten den Standort aus, studierten, wie man bis zur Landstraße einen befahrbaren Weg öffnen könne, rechneten und zählten. Sobald der Entschluss gefasst war, wurde mit dem Bau der Zufahrt zur Fabrik begonnen.

Zwei Jahre später, als endlich der selbstmörderische Geiz der von der Straßenführung betroffenen Eigentümer jener Ländereien besiegt worden war und die Baukosten die ursprünglich vorgesehene Summe um zwei Drittel überstiegen hatten, wurde die Fabrik unter Glockengeläut und allgemeiner Freude eingeweiht und in Betrieb genommen. In Anwesenheit des Pastors, der Ratsherren, der Besten, die das Dorf zu bieten hatte, öffnete Comes selbst das Wehr des Kanals, wo das Wasser ruhig und sauber stand. Es war so transparent, dass man auf dem Grund sogar kleine Bruchstücke von Steinen und Ziegeln neben einigen von den benachbarten Bäumen abgefallenen Blättern erkennen konnte. Eine freundliche Junisonne funkelte in dem flüssigen Spiegel, versilberte die Mauern des Gebäudes, versah die Fenster mit Perlmutterglanz und blinkte in der zarten Vegetation der Umgebung. Als die Schleuse geöffnet war, floss das Wasser majestätisch hindurch und schoss, an der Kante angelangt, als schäumende Kaskade in das tiefer gelegene Becken; diamantene Tropfen spritzten in die Luft, Blätter und flache Steine verfingen sich im Staugitter.

La comitiva passà corrents al cambró de la turbina, semisubterrani, de pedra picada, relativament fosc. Encara en Comes fou qui, en persona, anà descargolant l'indicador per obrir les comportes o calaixos, ara un, després un altre, i un altre, i un altre, fins a sis. L'arbre mestre, gruixut pilar de ferro, polit com d'acer, girà, giravoltà sobre son piu amb creixent rotació, i, tot ensems, vingué de les quadres la remor sorda i solemne dels tambors rodant a la desesperada. Brunzien com alenada contínua de vent dins d'un bosc. Era la respiració d'un organisme potent que vessava a dolls vida i força, que tot ho trontollava i removia.

Pressuda i apinyada, abandonà aquella gent la turbina i s'abocà a la porta de la preparació, una gran sala, baixa de sostre, sostingut per columnes de ferro afilerades, al bordó dels capitells de les quals descansaven els coixinets travessats pels arbres de transmissió que daven moviment a tambors i politges. D'ací, d'allà, baixaven obliquament i paral·lelament les negres corretges que mourien les màquines. Aquestes, col·locades en tres rengles, ocupaven de llarg a llarg la sala. Els tambors, les transmissions, rodaven sense parar. Però les màquines no, no encara. Noves de trinca, la claror resplendent que entrava per les simètriques finestres d'ambdós costats alluentava les peces de ferro, les fustes envernissades a *munyeca*. Treballadors i treballadores estaven com guardians d'una exposició, cada u plantat en son lloc, plegats de braços, serens, i complaguts, alhora, de veure el treball a punt, la prepotent màquina sotmesa a llur voluntat. Uns quants d'ells la

Die Abordnung ging schnell in den halb unterirdischen, aus Naturstein gemauerten und relativ dunklen Turbinenraum. Wieder war es Comes persönlich, der am Regulator drehte um die Schützen oder Leitschaufeln nacheinander zu öffnen: eine, und noch eine und noch eine, bis sechs Schaufeln sich mit Wasser füllten. Die Hauptwelle, eine dicke, wie Stahl glänzende Eisenstange, setzte sich in Bewegung und drehte sich zunehmend schneller in ihrer Nabe. Aus den dahinterliegenden Abteilungen drang der dumpfe, feierliche Ton der Antriebsräder, die sich nun alle zusammen wie große Trommeln verzweifelt drehten. Ihr Heulen erinnerte an das ständige Wehen des Windes in einem Wald. Es war der Atem eines mächtigen, volle Lebenskraft ausströmenden Organismus, der alles umwarf und in Bewegung versetzte.

Eilig und aneinandergedrängt verließen die Leute das Turbinenhaus und versammelten sich an der Tür zu dem der Vorbereitung der Wolle dienenden Raum. Das niedrige Deckengewölbe der großen Halle wurde von symmetrisch hintereinander aufgereihten Eisensäulen getragen. An den Verstärkungsringen unter den Kapitellen waren die Stützlager für die durch den Saal führenden Übertragungswellen angebracht, die Räder und Flaschenzüge bewegten. An verschiedenen Stellen senkten sich schräg und parallel zueinander die schwarzen Riemen, mit denen die Maschinen in Gang gesetzt wurden. In drei Reihen aufgestellt, besetzten diese die ganze Halle von einem Ende zum anderen. Die Räder und Übertragungswellen drehten sich ohne Unterlass. Doch die Maschinen bewegten sich noch nicht. In dem hellen Tageslicht, das durch die gleichmäßig an beiden Seiten angebrachten Fenster hereinbrach, erstrahlten die fabrikneuen Eisenteile und

contemplaven i amoixaven amb la complaença amb què ens mirem un cavall propi. Ningú no somiava amb la possibilitat d'una enganxada, d'una d'aquelles revelacions doloroses del fatalisme que deixen el pobre sense pa ni mitjans de guanyar-se'l.

A un senyal d'en Comes, els obrers van empunyar les manetes de *disparo*. Una altre senyal, i engegaren les màquines. El soroll mudà de to: era el del vent que assota un canyar, barrejat amb cops pregons i el xiulet metàl·lic del carro de la selfactina lliscant per un carril oliós.

La comitiva es va abalançar i repartir a l'entorn de les cardes. La persiana horitzontal, o taula sens fi, començà a lliscar pausadament, arrossegant els borrallons de llana estesos damunt d'ella, per anar-los donant a l'eriçós roleu que els esperava. Un altre, de punxes més fines, els hi prenia i ajudava a destriar. Un tercer roleu, de major dimensions, se n'apoderava tot seguit per esllanissar-los més i més al llarg de son raspall. I d'aquell a un altre i a un altre, tots rodant adelerats, anaven els flocs desfent-se, esmicolant-se polvoritzant-se quasi afanyosos de retrobar la cohesió perduda, fins que l'assolien en el corró més baix de l'altre cap. Aquest corró entreteixia la fibra com amplíssim tel, i una gola de ferro el xuclava i escopia a raig fet, com font de neu. El públic, embadalit, no sa-

die von Hand lackierten Hölzer. Arbeiter und Arbeiterinnen standen wie die Wärter einer Ausstellung alle an ihrem Platz, mit verschränkten Armen, heiter und zufrieden, dass die Arbeit nun bald beginnen sollte, dass die übermächtigen Maschinen sich ihrem Willen unterwerfen sollten. Einige von ihnen betrachteten und tätschelten die Vorrichtungen mit dem Wohlwollen, das man etwa dem eigenen Pferd entgegenbringt. Niemand dachte auch nur an die Möglichkeit, bei einem Unfall eingeklemmt zu werden – eine dieser schmerzlichen Offenbarungen des Schicksals, die einen Armen ohne Brot zurücklassen und ohne Mittel es zu erwerben.

Auf ein Signal von Comes hin packten die Arbeiter alle gleichzeitig die Hebel. Bei einem zweiten Signal schalteten sie die Maschinen ein. Das Geräusch änderte seinen Klang. Nun war es wie der Wind, der durch ein Röhricht fegt, unterlegt von tiefen Stößen und dem metallischen Pfeifen vom Wagen des Selfaktors, der über eine geölte Schiene glitt.

Die Abordnung näherte sich nun in verschiedenen Grüppchen den Kardiermaschinen. Das breite Rollo oder Wickelumschlagbrett der Doppelschlagmaschine glitt langsam voran, nahm die darauf verteilten Wollflocken mit, und führte sie der schon wartenden stacheligen Walze zu. Eine andere Walze mit feineren Stacheln übernahm darauf die Wolle und half beim Zerfasern. Eine größere dritte Walze kam hinzu und sorgte mit ihrer Drahtbürste für eine noch feinere Reinigung der Fasern. So ging es immer weiter, die Wollbüschel wanderten von einer der sich zügig drehenden Walzen zur nächsten, wurden dabei auseinandergenommen, zerpflückt und pulverisiert bis zu dem Grad, dass sie begierig sein mussten, den verlorenen Zusammenhalt wiederzufin-

bia apartar la vista d'aquella manipulació miraculosa. Ho veia i no sabia explicar-s'ho. «Els roleus rodaven tant de pressa!» Allà baix, la llana a flocs; ara, desfiles, ara brins; ara pols; ara, unida com tova buata; ara convertida en teranyina transparent, ampla, contínua com vano d'aigua, que una mà invisible atavellava, assacsonava i conteixia a la valona de la canella, per a deixar-la rajar damunt d'un corronet de doble moviment, llest i manyós confeccionador de turbants. I tot això ho movia una corretja, es feia sense vigilar-ho ningú. L'home encarregat de la màquina no es movia del peu de la persiana, a la qual estava dant flocs i flocs tan destriats i estovadets com podia.

Un pagès de mitja edat, en Tastavins, digués en veu alta: –Això ve a ser com les fonts: gota d'aquí, gota d'allà, furguen la terra, van trobant-se, confonent-se, pitgen, i fan forat fins a brollar amb fúria.

Molts dels oients es van mossegar la llengua per no riure. –Què té que veure la terra amb els roleus? –Però en Comes es gravà a la memòria el nom d'aquell mecànic en brut.

–Bé –saltà un veí, per fer el graciós–: un *tastaví* és com un

den, was schließlich unter der tiefer gelegenen Walze am anderen Ende geschah. Diese Walze presste die Fasern zu einem breiten, dünnen Vlies; ein Eisenschlund verschluckte es und spuckte es in großen Mengen wieder aus, wie eine Schneequelle. Das verblüffte Publikum konnte seinen Blick nicht von dieser wunderbaren Prozedur wenden. Es sah, was geschah, ohne es sich erklären zu können. »Die Walzen drehten sich so schnell!« Da hinten waren es noch Wollbüschel, dann Fasern, dann Fäden, dann Staub und dann ein Stück Flor, weich wie Watte. Schließlich kam ein breites, durchsichtig feines Gespinst heraus, kontinuierlich fließend wie ein breiter Wasserstrahl, den eine unsichtbare Hand an der Mündung des Rohres wellte, faltete und verwebte um ihn dann über eine sich vor und rückwärts drehende Rolle zu gießen. Man musste an einen klugen und geschickten Hersteller von Turbanen denken. Und all das wurde von einem Riemen bewegt, ohne dass irgendjemand etwas dazutat. Der Mann an der Maschine entfernte sich nicht von dem Wickelumschlagbrett, auf das er, so zerfasert und gelockert wie möglich, Wollbüschel um Wollbüschel legte.

Ein Bauer mittleren Alters namens Tastavins bemerkte laut: »Das ist wie mit den Quellen: ein Tropfen hier, ein Tropfen da, sie durchwandern die Erde, treffen sich, fließen zusammen, arbeiten sich vorwärts und bohren ein Loch bis das Wasser ungebändigt heraussprudeln kann.«

Viele der Zuhörer bissen sich auf die Lippen, um nicht zu lachen. »Was hat denn die Erde mit den Walzen zu tun?« Comes aber merkt sich den Namen dieses naturwüchsigen Mechanikers.

»Nun ja«, machte sich einer der Anwesenden über den Na-

taverner: no té res d'estrany que conegui de pe a pa tots els secrets de l'aigua.

Rient l'acudit, els convidats van abandonar les cardes i seguiren la visita, contemplant embadalits els enginyosos moviments i els sorprenents resultats de les pentinadores, de les metxeres, de les retorcedores, de les selfactines, de tots aquells organismes de ferro dotats de vida, de força productora. Tot rodava, corria, treballava amb admirable precisió, amb alè infatigable; i la màquina redimia l'obrer de l'esforç muscular, no exigint-ne sinó atenció i traça, encarregant-se ella sola de l'esforç bestial, per a deixar a l'home home.

Des d'aquell dia la fàbrica seguí treballant. Vuitanta dones, deu xavals i un centenar d'homes, aquests quasi tots forasters, hi guanyaven bon jornal. Per estatjar-los amb llurs famílies, arreu hagueren d'aixecar-se cases. La fàbrica, les obres, els carros, portaren ben aviat a Vallfonda fusters, serrallers, calderers, carruatgers. Insuficient ja l'antic, s'obriren tres hostals, una taverna més, un cafè, una cansaladeria, dues espardenyeries. Un xic més tard, arriben encara forasters a plantar-hi botigues de sastre, de vetes-i-fils, de sabater. La casa Comes i Companyia hi establí una nova escola. La població augmentà, en dos anys, de cinc-cents ànimes. Els ramaders d'aquells boscos, dins d'un rodal de quinze hores, vengueren la llana com mai. Els pagesos que no havien vist or feia anys, començaren a entaforar dobletes dins de les màrfegues, en un racó de biga, entre paret i pastera. En Comes eixamplà també

men des Bauern lustig: Ein *Weintester* ist wie ein Tavernenwirt: Da verwundert es nicht, dass er alle Geheimnisse des Wassers von A bis Z kennt.«

Über den Witz lachend verließen die Gäste die Kardiermaschinen, um die Besichtigung fortzusetzen. Sie bestaunten die einfallsreichen Bewegungen und überraschenden Ergebnisse der Kämmmaschinen, der Bandverdichtungsmaschinen, der Wickelmaschinen, der Selfaktoren, all dieser so produktiven belebten Organismen aus Eisen. Alles drehte sich, lief, arbeitete mit bewundernswerter Genauigkeit, mit unermüdlichem Atem. Die Maschine erlöste den Arbeiter von der Anwendung der Muskelkraft, verlangte von ihm nichts weiter als Aufmerksamkeit und Geschicklichkeit. Sie selbst sorgte für den tierischen, anstrengenden Teil der Arbeit und ließ den Menschen Mensch sein.

Noch am selben Tag nahm die Fabrik die Produktion auf. Achtzig Frauen, zehn Jungen und ungefähr hundert Männer, fast alle von auswärts angeheuert, verdienten sich dort einen guten Tagelohn. Um sie mit ihren Familien unterzubringen, mussten überall neue Häuser gebaut werden. Die Fabrik, die Bauarbeiten, die Kutschwagen brachten bald Schreiner, Schlosser, Töpfer und Wagenbauer nach Vallfonda. Das alte Gasthaus genügte nicht mehr, es entstanden drei neue Hotels. Hinzu kamen eine weitere Taverne, ein Café, ein Wurstladen und zwei Schuhläden. Ein wenig später machten Leute aus anderen Orten hier eine Schneiderei, einen Kurzwarenladen und eine Schusterwerkstatt auf. Die Firma Comes & Company gründete eine neue Schule. In zwei Jahren wuchs die Zahl der Einwohner um fünfhundert Seelen. Die Schafzüchter der Wälder im Umkreis von sieben Meilen verkauf-

el molí, va renovar la maquinària. El tràfic de grans augmentà més i més.

Els treballadors forasters, no obstant, poc trigaren a moure raons, a venir amb exigències. En Comes estudià la situació: veié amb dol de l'ànima que l'escala del pecat era el majordom en persona. Cedí, callà, i, arrencant de la terra en Tastavins, el va posar de capatàs a les ordres del majordom. En Tastavins començà a granejar: sos antics companys a vèncer la repugnància de llançar la manta i l'aixada per la brusa i la clau anglesa. En Comes va anar aclarint l'escamot de revoltosos, substituint-los amb treballadors formals del país, amb en Tastavins de majordom, així que sabé el que calia. Les baixes que quedaven entre la pagesia, vingueren a cobrir-les miserables boscaters de l'entorn.

Mentrestant es féu el carril de Girona, i en Comes obtingué una estació a mitja hora del poble. El tràfic augmentà, en Comes establí telers mecànics; un xic més avall de la seva, un altre muntà una gran fàbrica de paper; els propietaris van aterrar boscos per plantar vinya; entre aquelles fondalades, un metge descobrí una font sulfurosa; una societat hi va aixecar un establiment, i arreu nasqueren com per encant dotzenes de cases, de xalets, on cada estiu bullen centenars de forasters, que van enriquint més i més el poble.

ten ihre Wolle wie nie zuvor. Die Bauern, die seit Menschengedenken keine Goldmünze gesehen hatten, begannen Dublonen zu horten: in den Strohmatratzen, zwischen den Dachbalken, zwischen Wand und Bett. Comes erweiterte die Mühle und erneuerte die Maschinerie. Es wurde immer mehr Getreide gemahlen.

Die auswärtigen Arbeiter hatten trotz allem bald etwas auszusetzen, kamen mit Forderungen. Comes studierte die Lage. Es schmerzte ihn zutiefst, dass der Verwalter selbst der Rädelsführer war. Er gab nach und schwieg, holte aber den Tastavins von seiner Scholle und unterstellte ihn dem Verwalter als Vorarbeiter. Tastavins begann seine alten Gefährten zu überzeugen, den Wollüberwurf und die Hacke gegen Kittel und Schraubschlüssel einzutauschen. Comes konnte die Gruppe der rebellierenden Arbeiter auflösen und durch vertragstreue ortsansässige Arbeiter ersetzen. Tastavins machte er zum Verwalter, denn der wusste, was zu tun war. Die entstandenen Lücken in der Bauernschaft füllten die armen Waldarbeiter der Gegend.

Währenddessen wurde die Eisenbahnstrecke nach Girona gebaut und Comes erhielt einen Bahnhof eine halbe Stunde vom Dorf entfernt. Der Verkehr nahm zu. Comes schaffte mechanische Webstühle an. Etwas unterhalb seiner Fabrik machte ein anderer eine große Papierfabrik auf. Die Waldbesitzer holzten Bäume ab um Wein anzubauen. Ein Arzt entdeckte in dem Tal eine Schwefelquelle; eine Gesellschaft errichtete ein Kurhaus. Wie durch Zauberhand entstanden überall Dutzende von Häusern und Chalets, die heutzutage jeden Sommer Hunderte von Fremden beherbergen, wodurch der Ort immer reicher geworden ist.

L'antic llogaret, aquell grapat de casetes de suro, ja és sols *el barri de Dalt*. L'habiten pagesos amb l'aviram i els porcs, el visiten pintors i dibuixants per treure'n quadrets de color calent, idil·lis campestres, motius de vida primitiva, sempre formosa en versos i teles. La part nova, blanqueta, bullidora, perfumada de jardins i avui la més estesa és *A baix*, enganxada amb la fàbrica que l'engendrà, a la suau remor de la qual s'adorm, en les migdiades de l'estiu, tota la forasterada elegant que emplena les torres i els xalets.

Ara Vallfonda ja no és un recó de món, sinó una vileta alegre, rica, visitada, que cada dia creix. Sos antics veïns, però, massa aferrats a la rutina, no ben curats encara del crònic ensopiment, no veuen prou clar que aquella transformació és tota deguda a l'empresa i indústria d'un bon fill, i, lluny d'aixecar una estàtua a en Comes, no reparen a fer-li guerra ni a martiritzar-lo, si un tal *Sánchez*, diputat per aquell districte, que viu a Madrid i a qui no coneixen, així ho mana.

Das alte Dorf, jene Handvoll ärmlicher Häuser, ist jetzt nur noch »das obere Viertel«. Dort leben Bauern mit ihren Hühnern und Schweinen. Maler und Zeichner besuchen es, um Motive für ihre in warmen Farben gemalten Bildchen zu finden: ländliche Idyllen, Szenen des einfachen Lebens, das sich in Versen und auf der Leinwand immer gut macht. Der neue, weiße, belebte, vom Duft der Gärten durchzogene und inzwischen größere Teil ist »die Unterstadt«. Sie liegt neben der Fabrik, die sie hervorgebracht hat, und eingewiegt von deren sanftem Summen halten die eleganten Sommergäste in ihren Villen und Chalets ihren Mittagsschlaf.

Vallfonda ist kein weltabgeschiedener Winkel mehr, sondern eine fröhliche, reiche, vielbesuchte kleine Stadt, die jeden Tag wächst. Ihre alten, zu sehr an der Gewohnheit festhaltenden Bewohner jedoch sind noch nicht ganz von ihrer chronischen Abstumpfung geheilt. Ihnen ist nicht klar, dass die Veränderung allein dem Unternehmungsgeist eines guten Sohns ihrer Stadt zu verdanken ist. Statt Comes ein Denkmal zu setzen, hören sie nicht auf, ihn zu bekämpfen und ihm das Leben schwer zu machen, wenn ein gewisser *Sánchez*, der in Madrid lebende Abgeordnete ihres Distrikts, den übrigens niemand kennt, es fordert.

Els nuvis de Verdun

De ma primera excursió a França en conservo un record trist, una visió profundament tràgica.

Havíem passat l'estiu a Puigcerdà, des d'on, segons la direcció del vent, a certes hores del dia, i fins de la nit, sentíem el tètric ressò de les canonades que l'exèrcit espanyol engegava contra el castell de la Seu d'Urgell, pres abans pels carlins. La lluita continuava encara quan mos quefers em reclamaven ja a Barcelona. Tenia amb mi ma muller i ma filla. Emprendre el retorn per la nostra muntanya, llavors fressada contínuament per combois d'un i altre bàndol, que daven lloc sovint a escaramusses quan no a combats sagnants, era sumament perillós. Per això resolguérem tornar-nos-en per França, canviant la ruta de vinguda, que havia estat pel Rosselló, per la d'Ax a Foix i a Tolosa, on aniríem detenint-nos abans de prendre a Portvendres el vapor que ens duria a Barcelona.

Una volta més resultà cert l'adagi que «l'home proposa i

Die Brautleute von Saverdun

Von meiner ersten Reise nach Frankreich bewahre ich eine traurige Erinnerung, ja einen zutiefst tragischen Eindruck.

Wir hatten den Sommer in dem Pyrenäenort Puigcerdà, in der Nähe der französischen Grenze verbracht. Je nach Windrichtung hörten wir zu bestimmten Tageszeiten und bis in die Nacht hinein den dumpfen Hall der Kanonenschüsse, die das spanische Heer gegen die von den Carlisten eingenommene Festung von La Seu d'Urgell abgab. Die Kämpfe waren noch im Gange, als Verpflichtungen meine Rückreise nach Barcelona erforderlich machten. Ich befand mich in Begleitung meiner Frau und meiner Tochter. Die Rückkehr durchs Gebirge wäre zu gefährlich gewesen, da Konvois der einen und der anderen Seite dort ständig unterwegs waren, was häufig Anlass zu Scharmützeln, wenn nicht gar zu blutigen Schlachten gab. Deshalb beschlossen wir, über Frankreich zurückzufahren, indem wir, statt wie bei der Hinfahrt durch das Roussillon zu reisen, nun die Route über Ax, Foix und Toulouse wählten. Dort würden wir einen kurzen Aufenthalt einlegen, bevor wir in Port-Vendres das Dampfschiff nach Barcelona besteigen wollten.

Einmal mehr bestätigte sich das Sprichwort »Der Mensch

Déu disposa». L'estiueig de 1875 no ens podia deixar sinó tristes recordances. Quatre o cinc dies abans d'emprendre el camí d'Ax, una torbonada espantosa havia tret de mare l'Ariège i el Garona, assolant poblats i terres, escampant arreu misèria i mort.

Fou a Oussat que començàrem a veure'n ja les marques. Viatjàvem en landó obert, i el minyó que ens conduïa no cessava de signar-nos-les a mesura que les anava ell descobrint de la banqueta estant. Traginer de la comarca, la coneixia pam a pam, i sabia ja de cor totes les històries i llegendes d'aquella devastació horrible. Però, com que no era el mateix imaginar-se-la que contemplar-la en realitat, la visió directa de la destroça del país de ses afeccions arreu li arrencà exclamacions de condol que ens arribàvem a l'ànima, li feia rodar el cap amb desesperació, no el deixava estar quiet ni un moment, l'enfellonia. Son fuet anava d'ací d'allà, punxant l'aire com una espasa, quan amb ell volia signar-nos aquells estralls.

Aquests anaven creixent a mesura que guanyàvem camí. Aquí, prats assolats, marges a terra; allà, un campament militar guardant carros, taules, llits, bressols embarrancats al llot dels camps que havien estat amarats d'aigua, més amunt, un molí enrunat, un camí esvorancat o ataponat de còdols; a una banda i a l'altre de riu, grans esteses d'arbres morts, arrels en l'aire i amb la mísera cabellera enserrellada de brossa i fang; erms tatxonats de carronyes de vaques i cavalls ressortint de la terra com penyes deformes; un veritable camp de ba-

denkt und Gott lenkt«. Die Sommerfrische von 1875 sollte in uns nur traurige Bilder hinterlassen. Vier oder fünf Tage bevor wir nach Ax aufbrachen, waren nach einem schrecklichen Unwetter die Ariège und die Garonne über die Ufer getreten, hatten Dörfer und Ländereien mit sich gerissen und überall Elend und Tod verbreitet.

Schon in Ussat sahen wir die ersten Anzeichen. Wir fuhren in einem offenen Landauer und unser junger Kutscher wies uns unaufhörlich auf die Spuren der Überschwemmung hin, sobald er sie von seinem Kutschbock aus entdeckte. Als Fuhrmann kannte er den Landkreis wie seine Westentasche und ihm waren zahlreiche Geschichten und Anekdoten von der furchtbaren Verwüstung zu Ohren gekommen. Doch da es eine Sache war, sich die Folgen vorzustellen und eine andere, sie wirklich zu sehen, entfuhren ihm beim direkten Anblick der schonungslosen Zerstörung seines geliebten Landes Schmerzensrufe, die uns tief bewegten. Verzweifelt drehte er den Kopf hin und her, konnte nicht einen Augenblick still sitzen, war völlig aufgebracht. Mit seiner Peitsche zeigte er hierhin und dorthin, stach sie wie ein Schwert in die Luft, um uns auf die Verheerungen aufmerksam zu machen.

Diese wurden schlimmer je weiter wir kamen. Hier sah man weggeschwemmte Weiden und umgerissene Zäune; dort ein Militärlager, wo im Schlamm der Felder stecken gebliebene, wassertriefende Wagen, Tische, Betten, Kinderwiegen aufgetürmt waren; weiter oben eine zertrümmerte Mühle, verschüttete oder von Geröll versperrte Wege; an beiden Ufern des Flusses weit und breit nichts als tote Bäume, die ihre Wurzeln in die Luft streckten, ihr elendes Haupt zwischen Müll und Schlamm gefangen; ödes Land übersät mit Leichen von

talla abandonat ja pel vencedor i sobre el qual s'estenia la gaia claror d'un sol radiant que ens arribava a ferir com una rialla sarcàstica! La commiseració ens prenia, els ulls ens espurnejaven, el dol del cotxer ens anava punyint més i més a cada pas.

Per fi vam arribar a un giravolt del riu que s'interposava entre dos pobles: Les Cabanes y Verdun.

–Mirin, mirin, Verdun, aquell poblet aclotat allà a la dreta! –exclamà l'auriga, punxant més fort que mai l'aire amb son fuet–. Reparin aquella casa sense davanter! *Me* quin *regret* fa açò, *tonerre*!

I, mentre l'home rodava el cap amb desfici i s'eixugava una llàgrima amb la mànega del braç esquerre, guaitàrem tots nosaltres amb condol aquella casa mig enrunada, que, com un armari saquejat, romania sense tampes, amb les lleixes somogudes, decantades cap avall com per escopir al riu, que li llepava els peus, les poques coses escapades del saqueig: un llit tot desfet i mig penjant del caire de les bigues, algun quadret per les parets, una cadira per terra, llenques de roba blanca enfangada voleiant d'ací d'allà.

–Redéu! redéu! redéu! Aquesta és la cambra dels nuvis! –anava exclamant aquell home en un patuès gavatx que amb prou feines enteníem. I llavors, parant el cotxe, ens explicà la trista història que aquelles runes li evocaven.

«El matí mateix del dia de l'aiguat s'havia casat l'hereu d'aquella casa. Com que aquesta era petita i a Les Cabanes

Kühen und Pferden, die wie unförmiges Gestein aus der Erde ragten; ein wahres Schlachtfeld, das der Sieger bereits verlassen hatte, nun beschienen von dem fröhlichen Licht einer strahlenden Sonne, das uns wie ein sarkastisches Lachen traf. Mitleid überwältigte uns, Tränen traten uns in die Augen, der Schmerz des Kutschers bedrückte uns immer mehr, je weiter wir kamen.

Schließlich kamen wir an die Flussbiegung, wo auf der einen Seite Les Cabanes und auf der anderen Saverdun lag.

»Sehen Sie, sehen Sie, Saverdun, das Dorf hier links in der Mulde!« rief der Kutscher und fuchtelte mit seiner Peitsche noch wilder als sonst in der Luft herum. »Schauen Sie nur, das Haus ohne Fassade! *Me*, welch ein *regret*, das zu sehen, *tonnerre*!

Während der Mann sich erschüttert mit dem linken Ärmel eine Träne wegwischte, betrachteten wir bestürzt das halb eingefallene Haus. Wie ein geplünderter Schrank ohne Türen, mit ausgehobenen Regalbrettern stand es nach vorne geneigt, als wolle es die wenigen vom Raub verschonten Sachen in den Fluss spucken, der zu seinen Füßen dahinfloss: ein völlig auseinandergefallenes Bett, das halb unter den Deckenbalken hing, einige kleine Wandbilder, einen umgestoßenen Stuhl, ehemals weiße, jetzt lehmbeschmutzte, im Wind flatternde Stoffbahnen.

»Mein Gott, mein Gott, mein Gott! Das ist das Schlafzimmer der Brautleute!« rief der Mann in seinem okzitanischen Patois, das wir kaum verstanden. Dann brachte er die Kutsche zum Stehen und erzählte uns die traurige Geschichte von diesen Trümmern.

»Am selben Tag, als das Hochwasser kam, hatte der Erbsohn des nun so übel zugerichteten Hauses geheiratet. Da das

hi ha un bon hostal, la generosa parella s'hi féu seguir tots el convidats a noces, per dinar i ballar tota la tarda. El pare del nuvi, ja vidu, i tolit que estava, hagué de resignar-se a romandre a casa, i s'hi quedà plorant. Però el xicot, que, bojament enamorat, anà esmaperdut d'alegria, no veié aquelles llàgrimes, que contristaren tota a sa tendra muller. I mig poble de Verdun es traslladà a Les Cabanes a celebrar aquell casament.

Era ja a posta de sol quan el cel començà a ennegrir-se, mentre es posava a tronar d'una manera esgarrifosa. Al parpelleig ofensiu d'un llampec, la núvia es persignà, abandonà el braç del seu marit i s'abocà a una finestra.

–Ui, ui, quin cel! quina tenaor! *André*, anem-nos-en: ton pare és sol.

Tants i tants foren sos precs, que el nuvi a la fi cedí.

Amb penes i fatics, i amarats de cap a peus, aconseguiren arribar a casa. Un i altre pujaren a dalt el jai, que estava extraordinàriament espaordit per aquell temperi. El ficaren al llit, i l'agombolaren bella estona perquè s'escalfés i adormís bé.

El devessall d'aigua que anava creixent, el rebombori etern dels trons, i la tenaor espantosa del riu i del vent, que ho feia cruixir tot, els arribaren a posar nerviosos i callats, els van empènyer més i més a enxubar-se dintre el llit i a fondre en

Haus für die Hochzeitsfeier zu klein war, hatte das großzügige Paar alle Gäste ins Gasthaus von Les Cabanes eingeladen, wo von mittags bis abends gegessen und getanzt wurde. Der schon verwitwete Vater des Bräutigams war gelähmt, so dass er sich damit abfinden musste zu Hause zu bleiben und weinend zurückblieb. Der junge Mann, wahnsinnig verliebt und verrückt vor Freude, achtete nicht auf die Tränen, anders als seine zartfühlende Frau, der sie zu Herzen gingen. Die halbe Einwohnerschaft von Saverdun zog nach Les Cabanes um die Hochzeit zu feiern.

Die Sonne ging schon unter, als der Himmel sich verdunkelte und ein furchterregendes Donnern losging. Beim grellen Aufzucken eines Blitzes bekreuzigte sich die Braut, löste sich aus dem Arm ihres Mannes und lehnte sich zum Fenster hinaus.

›Oh je, was für ein Himmel! Und dieses Gedröhne! *André*, lass uns nach Hause gehen, dein Vater ist allein.‹

Sie bat so inständig, dass der Bräutigam schließlich nachgab.

Mit großer Anstrengung, unter Schwierigkeiten und von Kopf bis Fuß durchnässt kamen die Brautleute zu Hause an. Gemeinsam stiegen sie zum Alten hinauf, der durch das Gewitter außer sich geraten war. Sie brachten ihn zu Bett, deckten ihn gut zu und blieben bei ihm, bis er nicht mehr fror und ruhig einschlief.

Unter dem immer stärker fallenden Regen, den nicht enden wollenden Donnerschlägen, dem entsetzlichen, alles zum Ächzen bringenden Dröhnen des Flusses und des Windes vergrub das Paar sich schließlich nervös und schweigsam

estreta abraçada tot l'amor i tota la basarda que, per primer cop a la vida, passaven junts.

El flagell durà, durà, i ningú sap que passà allí dins, però l'endemà al matí, quan el cel s'asserenava i el riuot anava minvant, els primers veïns de Verdun que gosaren allargar-se fins a la ribera van restar clavats, glaçats i plorant, davant d'aquella caseta esfondrada, que, com armari saquejat, romania sense davanter, amb sos trespols decantats a punt d'acabar d'escopir al riu les poques coses escapades del saqueig: el llit dels nuvis, el vel d'ella, la corona de flors de taronger, tot si cau no cau, al caire del precipici, tot brut, esqueixat, maurat i marcit per l'aigua!...

Els més ardits o plens de caritat, amb aigua a genoll i saltant runa somoguda, van penetrar a la casa. Sols el silenci més terrible els hi esperava: no hi havia ànima vivent.

Els cadàvers dels nuvis foren trobats, a la tarda, en el primer revolt del riu, mig coberts de terra i mata, estretament abraçats, horriblement inflats, desconeguts!...

El del pobre vell, de l'infeliç tolit, ningú el cercà.»

–Devia anar a raure al mar amb els cents i cents que hi anaren de Tolosa! –vam exclamar nosaltres, plens de llàstima.

–Ho sé pas. Me... un *vellard* com ell ja no és de *dolre*.

immer tiefer in seinem Bett. Eng umschlungen verschmolzen die Brautleute all ihre Liebe und all ihre Angst, die sie nun zum ersten Mal gemeinsam erlebten.

Das Strafgericht nahm und nahm kein Ende. Niemand weiß, was da drinnen geschah; doch am nächsten Morgen, als der Himmel aufklarte, das Wasser allmählich zurückging, und die ersten Einwohner von Saverdun sich trauten, bis zum Fluss zu gehen, blieben diese starr vor Schreck und weinend beim Anblick des kleinen eingesunkenen Hauses stehen, das sich wie ein geplünderter Schrank ohne Vorderseite mit ausgehobenen Böden nach vorn neigte, als wolle es die wenigen von der Plünderung verschonten Sachen in den Fluss spucken: das Bett der Brautleute, den Schleier der Braut, den Brautkranz aus Orangenblüten, alles kurz vor dem Absturz, alles vom Wasser verschmutzt, zerbrochen, zerschlagen und verdorben! ...

Die Mutigsten oder Mitleidigsten drangen, knietief im Wasser und durch heruntergefallenen Schutt watend, zum Haus vor. Dort erwartete sie nur ein schreckliches Schweigen: niemand war mehr am Leben.

Die Leichen der Brautleute wurden abends an der nächsten Flussbiegung gefunden, halb mit Schlamm und Astwerk bedeckt, eng ineinander verschlungen, entsetzlich aufgedunsen, unkenntlich. ...

Die Leiche des armen Alten, des unglücklichen Gelähmten, hat man nicht einmal gesucht.«

»Er wird wohl ins Meer gespült worden sein mit den Hunderten von Opfern aus Toulouse«, riefen wir schmerzlich betroffen.

»*Je ne sais pas. Me* ... wer trauert schon um einen *vellard*, einen alten Mann.«

Un personatge

Un angolí més negre que l'atleta de ferro empegonat que a baix il·luminava l'ampla escala aixecant a l'aire un gran canelobre de cinc brocs; un angolí d'ulls de flor de fava i dents més blanques que els alls pelats, em conduí, travessant no sé quants corredors i salons solitaris, a la daurada sala de respecte, on l'*Excelentísimo Señor D. Ángel Bonnín, Presidente Honorario de la Sociedad General Española de Avicultura* (segons resava la seva targeta) rebia llavors les visites de condol.

El bon senyor s'havia quedat vidu; i jo, que l'havia vist l'estiu anterior a Vichy, tan feliç i satisfet de fer lluir a l'avui difunta donya Facunda tot el bé de Déu de vestits de seda que ella anava exhibint cada tarda, solemnialment repapada al primer rengle de cadires daurades de la *véranda* del Casino, em figurava trobar aquell vidu tan i tan aclaparat, que (ho confesso), entrant, arribava fins a exagerar el meu respecte. – Com s'ho farà … –pensava jo– com s'ho farà, ara, aquest bon home, a ses velleses, sense la inseparable companya de sa vida? – «La mateixa grandària d'aquell casal, i les milionades sobreres que s'atribuïen al senyor Bonnín, havien de fer-li encara més trista la soledat en què es quedava. Donya Facunda, la melosa donya

Eine Persönlichkeit

Ein kleiner Angolaner, schwärzer als der Athlet aus blau angelaufenem Eisen, der am Fuß der Treppe die breiten Stufen mit einem fünfarmigen Kandelaber beleuchtete – ein kleiner Angolaner also, mit dunklen Kulleraugen und Zähnen, die weißer als geschälte Knoblauchzehen glänzten, geleitete mich durch unsäglich viele Korridore und verlassene Salons in das vergoldete Gesellschaftszimmer, wo *seine Exzellenz, Herr D. Ángel Bonnín, Ehrenvorsitzender der Allgemeinen Spanischen Ornithologenvereinigung* (so stand es auf seiner Visitenkarte) die Beileidsbesuche empfing.

Der gute Herr Bonnín war Witwer geworden. Im vergangenen Sommer hatte ich ihn noch am Arm seiner Gattin getroffen, glücklich und zufrieden, seine jetzt verstorbene Facunda jeden Abend im ganzen Staat ihrer täglich wechselnden Seidenkleider ausführen zu können, wenn sie feierlich in der ersten Reihe der vergoldeten Stühle auf der *véranda* des Kasinos thronten. Ich hatte erwartet, den Witwer völlig niedergeschmettert anzutreffen, sodass ich beim Eintreten (ich gestehe es) meine Kondolenzbezeugungen sogar übertrieb. »Wie wird der gute Mann«, dachte ich, »in seinem Alter ohne die sonst nicht von seiner Seite weichende Gefährtin zurechtkommen? – Allein die Größe seiner Villa und all

Facunda, almenys sabia omplir-li cada divendres aquells salons de *mamais* i senyoretes postureres, i fer-li ressaltar més la riquesa amb les sedes, velluts, flocs i pedreries de què anava ella eternament guarnida. Aquella mateixa perla, grossa com un ou de sargantana, que ell lluïa a la corbata (o *plaston*, que en deia l'home), la roseta blanca i blava del trau de la levita, la gruixuda cadena d'or de son rellotge, i el portentós brillant amb què enlluernava la gent cada cop que es duia a la boca la *breva* que s'anava fumant, no arribarien a cridar l'atenció i tot, en un senyor que es passegés sempre sol i vern per aquests carrers? Després, el costum, el costum d'haver-lo vist invariablement acompanyat d'aquella senyorassa, que era de les que van cossades a l'impossible, que han de seure eixancarrades i dur sempre al cap encarcarat per evitar-se el refrec de la barbeta amb l'alt rebollí que els forma el pit! A ell, petit i panxut, de patilles tenyides i de cos tan tes com el de donya Facunda, que bé que li esqueia, una pariona semblant! Quin aire més trist i miserable d'objecte desparionat que devia presentar, ara! Pobre senyor Bonnín!» – Anem-lo a veure, anem-lo a veure –m'havia dit a mi mateix.

I, cenyint-me la levita i encasquetant-me la trona, amb tot i l'esforç que sempre em costa plantar-me aquest trast al cap, vaig cedir als honrats impulsos del meu cor.

die überflüssigen Millionen, die man ihm zuschrieb, mussten Senyor Bonnín die traurige Einsamkeit nach dem Verlust seiner Frau noch spürbarer machen. Donya Facunda, die liebenswürdige Donya Facunda, wusste immerhin jeden Freitag die Salons mit *Mamás* und gezierten Fräulein zu füllen und den Reichtum geschickt durch Seide, Samt und Quasten bis hin zu den Edelsteinen, mit denen sie sich selbst immer behängte, zur Geltung zu bringen. Würde Senyor Bonnín, wenn er ganz allein durch die Straßen spazierte, nicht auffallen mit seiner echseneigroßen Perle an der Krawattennadel auf dem breiten Plastron (er sagte *Plaston*), mit der blau-weißen Silberrosette im Knopfloch des Revers, mit der dicken goldenen Uhrkette und dem gleißenden Brillantring, der den Leuten bei jedem Zug aus der kubanischen Zigarre in die Augen fiel? Und dann die Gewohnheit – die Gewohnheit ihn bei jeder Gelegenheit in Begleitung seiner üppigen Gattin zu sehen, eine von den Frauen, die sich so unmöglich eng schnürten, dass sie steif sitzen und den Kopf unbeweglich hochhalten mussten, um das Scheuern ihres Kinns auf der hohe Wölbung ihrer Brust zu vermeiden. Wie gut stand ihm, dem kleinen, bauchigen Mann mit den gefärbten Koteletten und einer an Steifheit Donya Facunda nicht nachstehenden Körperhaltung, sein angetrautes Ebenbild! Was für einen traurigen und elenden Anblick eines allein gelassenen Gegenstandes musste er jetzt bieten! Armer Senyor Bonnín!« »Na komm, machen wir ihm einen Besuch«, hatte ich mich selbst angespornt.

Ich zwängte mich also in den Gehrock und holte den Zylinder heraus – mit der ganzen Überwindung, die es mich immer kostet, dieses Ungetüm auf den Kopf zu setzen – um der ehrbaren Regung meines Herzens Folge zu leisten.

Gruixuts cortinatges de brocat tenien aquella sala tan a les fosques, que, abans d'arribar a la presència de l'*Excelentísimo Presidente Honorario de la Sociedad General Española de Avicultura*, no sé amb quantes cadires vaig ensopegar, de les quinze o vint que, en gran rodona, ocupaven altres tants subjectes vestits de negre i d'aspecte bastant carrincló i guardant una actitud tan recollida, que tot seguit els vaig prendre per socis de la *General espanyola de Avicultura*.

L'excel·lentíssim, que anava tot bolcat amb una gran bata de dibuix persa, i que es mantenia cobert amb un casquet de vellut carmini brodadet d'or, tingué la cortesia d'aixecar-se i allargar-me la mà. Desprès es deixà caure altra vegada al sofà de setí cirera, on m'oferí galantment un lloc al seu costat.

–Ja ho veu, ja ho veu, com l'he perduda! No l'hi deia, jo, a Vichy? –féu amb una veu d'aflicció melodramàtica tan mal simulada que em deixà fred.

Fent cara i veu de circumstàncies per revestir-me de tota la falsa tendresa que jo havia de fingir també davant d'aquell dolor en què ja no creia, em preparava a respondre, quan, tot d'una, un crit estranyament estrident de –¡*Facunda!, ¡Facunda!*, –i l'estrebada nerviosa de don Ángel Bonnín, qui botà tot d'una peça, em van deixar sense paraula. Aquell crit estranyament metàl·lic i nasal alhora, que jo no podia entendre d'on sortia, em va esfereir com si sentís una veu d'ultratomba. Tots els presents ens vam tombar a una cap a l'indret d'on semblava venir. Llavors els meus ulls van topar amb una

Dichte Brokatvorhänge verdunkelten den Salon so stark, dass ich nicht weiß, mit wie vielen der fünfzehn oder zwanzig in einem großen Kreis aufgestellten Stühle ich zusammenstieß, bis ich bei *seiner Exzellenz, dem Ehrenvorsitzenden der Allgemeinen Spanischen Ornithologenvereinigung* angekommen war. In dem Kreis saßen andere schwarz gekleidete Gestalten von recht ähnlichem Aussehen in so gesammelter Haltung, dass ich sie gleich für Mitglieder der *Allgemeinen Spanischen Ornithologenvereinigung* hielt.

Seine Exzellenz, in einen weiten Hausmantel mit persischem Muster gehüllt und auf dem Kopf eine goldbestickte karminrote Kappe, war so höflich sich zu erheben und mir die Hand zu reichen. Dann ließ er sich wieder auf das kirschrote Satin-Sofa fallen, wobei er mir galant den Platz an seiner Seite anbot.

»Nun sehen Sie, wie schnell ich sie verloren habe! Habe ich es Ihnen nicht schon in Vichy gesagt?« äußerte er mit so gekünstelter melodramatischer Rührung in der Stimme, dass mich fröstelte.

Ich machte gute Miene zum bösen Spiel und hob gerade, unter Aufgebot des ganzen falschen Mitgefühls, das ich angesichts jenes nicht mehr glaubwürdigen Schmerzes vorgeben musste, zur Antwort an, als mir plötzlich ein merkwürdig schriller Schrei: »Facunda, Facunda!« und das nervöse Aufschrecken des mit einem Ruck aufspringenden Don Ángel Bonníns das Wort abschnitten. Der seltsam metallisch und nasal klingende Schrei, dessen Herkunft ich nicht erriet, durchfuhr mich wie eine Stimme aus dem Jenseits. Alle Anwesenden drehten ihre Köpfe in die Richtung, aus der er ge-

gran gàbia de llauna que hi havia, damunt d'un trípode, entre els cortinatges d'un balcó.

–Ah! vet aquí el lloro! –vaig pensar jo recordant-me d'aquell dia en què, passejant tots dos sols pel Parc de Vichy, el senyor Bonnín em deia: –Cregui que cada tarda, sentint aqueixos concerts tan *hermosos* en mig d'una societat tan distingida, arribem fins a *olvidar* els perills en què posa a la meva senyora la diabetis, i *hasta* el lloro que vam deixar a casa; – que era ben bé com dir-me «les úniques penes que ens han tocat en sort en aquesta vall de llàgrimes». Però jo m'havia pensat, llavors, que qualificava de *lloro* a algun nen seu, molt xerrairet, que el matrimoni es devia estimar molt.

Ca, ca, ca! Ara veia ben bé que l'objecte de les seves enyorances era un *llorito* de carn i ossos, aquell animaló llampant de verd i groc que presidia, com sota dosser, un dels costats llargs de la gran sala senyorial.

Però encara pujà de grau la meva sorpresa quan vaig veure que l'excel·lentíssim senyor Bonnín, abandonant-nos a tots, s'atansava a la bestiola i, amb la més bona fe del món, li deia amb veu mel·líflua:

–*¡Santiago, Santiago! Por Dios, no la llames más! ¿Que no sabes que está muerta y no te puede contestar? ¡Bien te lo he dicho ya, hombre! ... ¡jem! ... ¡bien te lo he dicho ya! Acuérdate: ¿eh? ... ¡jem! ... Acuérdate y no me ... desgarres más ... el corazón ... ¡jem!*

–*¡Facunda! ¡Facundaaa! ¡Ay, que rico, rico, rico!* –cridà llavors

kommen zu sein schien. Da entdeckten meine Augen auf einem Ständer zwischen den Gardinen eines Balkonfensters einen großen Vogelkäfig.

»Ach, der *Kakadu*!« dachte ich und erinnerte mich an einen Tag in Vichy, an dem Senyor Bonnín und ich allein durch den Kurpark gingen und mein Begleiter mir erzählte: »Glauben Sie mir, wenn ich jeden Abend diese *hübschen* Konzerte in einer so ausgesuchten Gesellschaft höre, vergesse ich sogar die Gefahr, in der meine Frau mit ihrem Diabetes schwebt, und den *Kakadu*, den wir zu Hause lassen mussten.« Es war als hätte er hinzugefügt »die einzigen Sorgen, die uns in diesem Jammertal zu schaffen machen«. Damals dachte ich, dass er mit *Kakadu* eins seiner Kinder meinte, das womöglich besonders gesprächig war und deshalb vom Ehepaar sehr geliebt wurde.

Wer hätte das gedacht! Jetzt sah ich, dass der Gegenstand seiner Sehnsucht ein leibhaftiger Papagei war, nämlich das leuchtend gelb und grün gefiederte Tier, das wie unter einem Baldachin den Platz am Kopf einer der langen Seiten des herrschaftlichen Salons einnahm.

Doch wie wuchs mein Erstaunen, als seine Exzellenz Herr Bonnín uns alle zurückließ, an den Käfig trat und zu dem Tierchen in bester Absicht mit honigsüßer Stimme und aus dem Katalanischen ins Spanische wechselnd sagte:

»Santiago, Santiago! *Por Dios*, ruf sie nicht mehr! Weißt du nicht, dass sie tot ist und nicht mehr antworten kann? Ich habe es dir doch schon gesagt, *hombre*! ... ähm ... Also, ich habe es dir schon gesagt. Denk dran, ja? ... ähm ... Denk dran und zerreiß mir ... das Herz ... nicht noch mehr ... ähm!«

»Facunda, Facundaaa! Ei, Guter, Guter, Guter!« schrie das

la bèstia aixecant el diapasó amb una veu de nas i llauna que esgarrifava.

—¡Eh! —féu don Ángel Bonnín, ja tot cremat. —¡No seas guanajo! ... ¡jem! ... ¡no seas guanajo! ¡Si supieses ...¡jem! ... el asco que me causa esta burla!

El lloro el deixava dir, aixecant amb el cap decantat, el seu bec de ganxo, que semblava un unglot d'urpa, i guaitant-lo amb un ull negre i rodó com un botó de sabata, ni més ni menys que si l'escoltés mofant-se'n, quan, tot d'una, gronxant d'ací d'allà el cos feixugament, esclatà a riure, i, amb el to més desvergonyit del món, es posà a cantar: —«¡Frufrú ... Frufrú! ... ¡Ven aquí ... ven aquí ... rico ... mío! ... ¡Frufrú ... Frufrú! ... Rico, rico, ricooo!»

—Vés-te'n al botavant, desagraït! —exclamà, ja forassenyat, el bon senyor, tornant, amb la cua entre cames, altra vegada al sofà.

—No en faci cas: són bèsties! —gosà dir un de jaqué esquifit, que seia gairebé al mig de la gran rodona.

—Sap el que és, aquest? ... jem! ... —rondinà el senyor Bonnín amb profunda tristesa—, un tocacampanes i un desagraït! ... veli aquí!

—I ca! —féu un altre, tractant d'aconsolar-lo encara més.

—I ca! i ca! —repetí l'amo del lloro, estrafent en to de mofa la veu de son interlocutor—. Dispensi si li dic ... jem! ... que vostè no és digne de figurar a la directiva de la nostra societat si es creu ... jem! ... que els lloros no entenen tan bé les raons com les persones: jem!

Tier da aus vollem Hals mit nasaler, blecherner Stimme, die einem durch Mark und Bein ging.

»He!« rief Don Ángel Bonnín, schon ganz resigniert. »Stell dich nicht dumm, *guanajo*! Wenn du wüsstest, wie mir dieser Scherz zuwider ist!«

Der Papagei ließ ihn reden, hob bei geneigtem Kopf seinen wie eine große Kralle gekrümmten Schnabel und betrachtete Don Ángel mit einem schwarzen Auge, rund wie ein Stiefelknopf, geradezu so, als verspotte er seinen Herrn beim Zuhören, wiegte dann seinen Körper plump von einer Seite zur anderen, brach in Gelächter aus und begann auf die schamloseste Weise der Welt zu singen: »*Frufrú … Frufrú!* … Komm her! … Komm her! … Mein … Guter! … *Frufrú … Frufrú!* … Guter, Guter, Guuuter!«

»Geh zum Teufel, schnöder Vogel, *desagraït*« rief der distinguierte Herr nun außer sich und wieder ins Katalanische zurückfallend. Kleinlaut kehrte er zum Sofa zurück.

»Machen Sie sich nichts daraus, es ist ein Tier!« wagte einer in engem Jackett, der fast in der Mitte des großen Kreises saß, zu bemerken.

»Wissen Sie, was der Papagei ist? … ähm! …« schimpfte Senyor Bonnín sichtlich betrübt, »ein Trottel und schnöder Kerl! … Nichts weiter!«

»Na ja«, meinte ein anderer, um ihn ebenfalls zu trösten.

»Na ja, na ja!« machte der Besitzer des Papageis sich über den Sprecher lustig, indem er ihn imitierte. »Verzeihen Sie, wenn ich Ihnen sage … ähm! … dass Sie nicht in den Vorstand unserer Gesellschaft gehören, wenn Sie nicht glauben, … ähm! … dass die Papageien Argumente genauso gut wie Menschen verstehen können: ähm!«

—¡*Cla, cla, cla, cla!* ¡*Rico, rico, rico!* – esclafí a cridar, llavors, la bèstia, abans d'enfonsar aquell unglot dins la menjadora plena de cigrons.

—Miri … *jem!* … com ara es riu de vostè –exclamà don Ángel, ja mig reconciliat amb l'animal, que li dava la raó.

Jo no em podia aguantar el riure: ja havíem oblidat les tristes circumstàncies que ens havien dut allí.

—Escolti: i per què li parla sempre en castellà, vostè? –vaig preguntar jo per fer lluir més a l'honorari.

—Ah! –respongué ell, molt formal–; no entén pas cap altra llengua. Veu que és de la seva raça? Aquest és de Puerto Rico.

—De manera que …
—Els lloros, de les altres llengües, no n'entenen sinó una que altra paraula; i, de pronunciar-les … *jem!* … els costa molt. Vagi'ls amb *inglès*, francès, alemany o català! *jem!* … no hi saben girar la llengua. Dels que he tingut, només un … (en Carlets, que l'anomenava el servei d'aqui) … *jem!* … només en Carlets deia alguna cosa en català; *jem!*

—És a dir, que vostè n'ha tingut molts, de lloros?
—Tota la vida: *jem!* … Per això … *jem!* … en puc parlar com pocs. El lloro m'agrada molt … *jem!* … perquè té intel·ligència … *jem!* … sentiment … *jem!* … i voluntat: *jem!* … L'única cosa que el perd és això d'aquest … *jem!* … la tossuderia. Déu l'en guard, de quan comencen a entossudir-se: *ejem!* … Per l'esperit mofeta que tenen, quan *menos* vostè ho vol … *jem!* … ells

»Ha, ha, ha, ha! Guter, Guter, Guter!« schrie das Tier nun wieder los, bevor es seine Schnabelkralle in die Schüssel mit Kichererbsen versenkte.

»Sehen Sie nur ... ähm ... wie er jetzt über Sie lacht«, rief Don Ángel schon wieder halb versöhnt mit dem Vogel, der ihm Recht gab.

Ich konnte mir das Lachen nicht mehr verkneifen. Wir hatten bereits vergessen, aus welch traurigem Anlass wir zusammengekommen waren.

»Hören Sie! Warum sprechen Sie eigentlich immer Spanisch mit dem Vogel?« fragte ich, um den Ehrenvorsitzenden noch mehr ins rechte Licht zu setzen.

»Ach«, antwortete der ganz ernst, »er versteht keine andere Sprache. Sehen Sie, es hängt mit der Rasse zusammen. Der da ist aus Puerto Rico.«

»So dass also ...«

»Die Papageien verstehen von anderen Sprachen nur einzelne Wörter und die Aussprache ... ähm! ... fällt ihnen sehr schwer. Kommen Sie ihnen mit *Inglisch*, Französisch, Deutsch oder Katalanisch! ähm! ... Da macht ihre Zunge nicht mit. Nur einer meiner Papageien (der Carlets, wie meine Dienerschaft von hier ihn nannte) ... ähm! ... nur der Carlets sagte ein paar Sachen auf Katalanisch, ähm!«

»Das heißt, Sie hatten schon viele Papageien?«

»Mein ganzes Leben lang: ähm! Deshalb ... ähm! ... habe ich davon mehr Ahnung als andere. Ich mag die Papageien ... ähm! ..., weil sie intelligent sind ... ähm! ... Sie haben Gefühl ... ähm! ... und Willen: ähm! ... Ihr einziger Fehler ist diese ... ähm! ... Dickköpfigkeit. Gott schütze einen, wenn sie ihren Dickschädel durchsetzen wollen: ähäm! ... Das

comencen a fer el ximple. Però això vostè ja veu que també ... *jem!* ... ho fan les criatures. Tracti de fer-li fer gràcies, al nen que no vol fer-ne! ... *jem!* ... Doncs el mateix aqueix animalet ... *jem!* ... si és que no hi posa encara més malícia, més intenció, per esperit de befa. Però quan ell vol ... *jem!* ... cregui que el deixa parat. No hi ha com un lloro ... *jem!* ... per a deixar parat a un home. Miri ... en Rafalet ... *jem!* ...... l'antecessor d'aquest, era més divertit que cap *clown*. Allí, hauria sentit acudits! Recordo que un dia ... *jem!* ... em van fer pendonista d'una *professó*. Ell ... *jem!* ... s'en va a *enterar* no sé com, i ja me'l te ... *jem!* ... que tot el dia, quan jo passava per davant seu ... *jem!* ... em deixa així, amb una sal i *Salero* ... *jem!* ... que només faltava ... *jem!* ... que es posés *en jarras*: «¡Adiós, pendonista!»

Tots vam esclatar en una rialla tan franca de mofa, que, a tot altre narrador que no estigués tan convençut del que deia, l'hauria deixat glaçat i mut. Però don Ángel Bonnín, immutable, com d'estuc, continuà:

—No sé com va ser, que un dia ... *jem!* ... aquell Carlets de què parlava, l'antecessor d'en Rafalet ... *jem!* ... es va trencar una pota. Als seus crits de – *Socorro!* auxili! auxili, –van acudir-hi tot seguit una cambrera i la meva senyora. De tal manera es planyia l'animalet, que ... *jem!* ... que, compadides una i altra, les dues dones ... *jem!* ... van decidir-se a curar-lo abans de cridar el manescal, i, posant-se'l a la falda, amb dos trossets

hängt mit ihrer Spottlust zusammen. Wenn es Ihnen am wenigsten passt, … ähm! … fangen die mit ihren Dummheiten an. Aber das kennen Sie ja auch … ähm! … von den Kindern. Versuchen Sie mal, einem Kind eine lustige Äußerung zu entlocken, wenn es nicht dazu aufgelegt ist! … ähm! … Nun, genauso ist es mit diesen Tierchen. … ähm! … Vielleicht macht sie ihre Spottlust noch ein bisschen boshafter, ein bisschen absichtsvoller. Aber wenn der Papagei will, … ähm! … glauben Sie mir, dann kommen Sie aus dem Staunen nicht heraus. Niemand kann den Menschen … ähm! … so zum Staunen bringen wie ein Papagei. Sehen Sie … der Rafalet … ähm! … der Vorgänger von diesem hier war lustiger als jeder Clown. Von dem hätten Sie Witze gehört! Ich weiß noch, wie ich eines Tages … ähm! … als Bannerträger bei einer *Profession* mitgehen sollte. Er … ähm! … hat das irgendwie mitbekommen und hat mich … ähm! … den ganzen Tag, wenn ich bei ihm vorbeikam … ähm … so witzig angesprochen, der Witzbold … ähm! … Es fehlte nur noch, … ähm … dass er die Arme in die Hüften gestemmt hätte, wenn er rief: »*Adiós*, Bannerträger!«

Unser Gelächter verhehlte so wenig, dass wir den Sprecher nicht ernst nahmen, dass jeder andere nicht derart von sich Eingenommene eisig geschwiegen hätte. Aber Don Ángel, Bonnín, unbeirrbar wie ein Stück Gips, fuhr fort:

»Ich weiß nicht, wie es kam, dass sich eines Tages … ähm! … der Carlets, von dem ich erzählt habe, also der Vorgänger vom Rafalet … ähm! ein Bein gebrochen hat. Auf seine Hilferufe hin – er rief tatsächlich in beiden Sprachen *auxili, socorro* – kamen sofort ein Zimmermädchen und meine Frau herbeigelaufen. Das Tierchen beklagte sich so sehr, dass … ähm! … die beiden Frauen aus Mitleid beschlossen, ihm zu

de canya i una veta ... *jem!* ... el van deixar tan ben embenat ... *jem!* ... que la bestiola, acabada l'operació, va exclamar: – gràcies, Facunda! gràcies, Pepeta! Que Déu vos ho pac!

Aquí sí que ja no sé com hauria acabat la cosa si, en aquell instant, l'angolí de les dents blanques, que estava ja esperant la darrera paraula del seu amo, no salta tot d'una anunciant l'entrada de l'*excelentísimo señor gobernador*. Sentir l'anunci i aixecar-se tothom per arrencar a córrer com si entrés un empestat, o cosa així, fou tot u. Amb la cara riallera i els llavis contrets, tots vam anar desfilant. La visita de condol era ja feta, i a més a més d'edificant en el sentit ètico-social, havia estat tan fructuosa en l'ordre científic, que a mi el cap se m'esberlava ja com una magrana darrera de grans pluges. No hauria faltat sinó que el nou personatge ens hagués fet escoltar una altra conferència de coneixements tan especials com els d'aquell president honorari. De segur que em fereixo de ple a ple!

helfen, bevor sie den Tierarzt riefen. Sie legten den Vogel in ihren Schoß und schienten ihm das Bein mit zwei Röhrchen und einem Band ... ähm! ... so gut, ... ähm! ... dass das Tierchen nach beendeter Operation rief: »Danke. Facunda! Danke, Pepeta! Gott möge es euch lohnen!«

Ich weiß nicht, wie alles geendet hätte, wenn nicht in diesem Augenblick der kleine Angolaner mit den weißen Zähnen, der schon auf das letzte Wort seines Herrn gewartet hatte, hereingeplatzt wäre um den Besuch *seiner Exzellenz des Herrn Gouverneur* anzukündigen. Bei dieser Nachricht sprangen alle auf und begannen fluchtartig aufzubrechen, als würde ein Pestkranker oder etwas Ähnliches erwartet. Unentwegt lächelnd defilierten wir hinaus. Der Kondolenzbesuch war beendet. Er war in ethisch-gesellschaftlicher Hinsicht so erbaulich und in wissenschaftlicher Hinsicht so fruchtbar gewesen, dass mein Kopf platzte wie ein Granatapfel nach langem Regen. Es hätte nur gefehlt, dass die neu angekommene Persönlichkeit uns einen weiteren Vortrag über so spezielle Kenntnisse wie die des Ehrenvorsitzenden gehalten hätte. Ich glaube, dann hätte mich glattweg der Schlag getroffen.

La reforma

Contemplant les grans esmotxadures que el picota anava fent en el barri de l'Argenteria per obrir pas a la primera de les grans vies de reforma que han de sanejar la Barcelona vella, estava jo, un dia, trobant a faltar el poeta que sabés cantar l'íntima i alegre sorpresa que havien de sentir els habitants d'aquells carrerons rònecs en veure penetrar-hi les vivificadores ones de sol i aire que per primer cop a la vida se'ls entraven per balcons i finestres com un gloriós cant de redempció. Però heus aquí que, de sobte, sento que em tusten suaument, tombo el cap, i em trobo cara a cara amb l'amic Casarramona, el casolà arqueòleg de sempre, que em diu tot compungit:

—Ja ho veus, quina destroça! Feliç en Vilanova, que es va saber morir a temps!

—Cert! ell estimava tant aquest barri! Si veiés que ni resquícies resten ja d'on era a casa seva, pobre Emili! ... Però les generacions muden, cada una es porta nous usos, necessitats *ad hoc* ... i hem de convenir que els que volen sol i aire tenen més

Die Stadtreform

Als ich eines Tages nachdenklich die großen Lücken betrachtete, die der Abrisshammer im Zuge der Sanierung der Altstadt von Barcelona in die Häuserfronten rund um die Carrer de l'Argenteria riss, um für die erste von der Stadtreform vorgesehene breite Straße Platz zu schaffen, vermisste ich den Dichter, der in der Lage gewesen wäre, die tiefe und freudige Überraschung der Bewohner jener elenden Gassen zu besingen, wenn zum ersten Mal seit ihrer Geburt die belebenden Strahlen der Sonne und frische Luft über ihre Balkone durch die Fenster in ihre Wohnungen dringen würden. Es wäre ein herrlicher Gesang der Erlösung. Doch da fühlte ich, wie mir jemand leicht auf die Schulter klopfte, drehte den Kopf und sah mich meinem Freund Casarramona gegenüber, dem unverwüstlichen Freizeit-Archäologen, der betrübt bemerkte:

»Sieh nur, was für ein Desaster! Glücklich unser guter Vilanova, dass er das nicht mehr erleben muss!«

»Gewiss, er liebte dieses Viertel. Wenn er sehen würde, dass da, wo sein Haus stand, nichts mehr ist, armer Emili! ... Aber die Generationen wandeln sich, jede entwickelt neue Lebensgewohnheiten und ihrer Zeit entsprechende Bedürf-

raó que els altres. Ja diu el proverbi que «allí on no entra la claror hi entra sovint el doctor».

—Vaja, prou! ja es coneix que tu no hi havies viscut mai, per aquests barris!
—Vas ben errat.
—No parlaries així. La poesia que tenien ...

—L'he sentida tant com tu. Jo he viscut quatre anys ... (veus?) ... en aquell carreró de mà esquerra que tan escuat queda ja. I allí, allí precisament, van florir els meus primers somnis d'amor. Tu no saps, doncs, la poesia que tenia també per a mi aquest barri. Però tu i jo ja som massa grans, ara, per a no comprendre que tot aquell perfum que de joves ens embriagava, i que a mi se m'emportava per les esferes de l'ideal, no ens venia pas d'aquelles pedres que avui arrenca el picot. Tu el duies, com jo mateix, dins de ton si, encara nou, intens i verge de les asprors de l'experiència; te'l mantenien en ferment la teva pròpia inconsciència i la teva joventut. La propensió, tan natural en aquella tongada venturosa de la vida, a veure-ho tot bo, bell i sant, com eres tu mateix, et donava la sensació més simple de les coses i afectes, un sentiment fals d'allò que en realitat són: purament subjectius. Aquest, sols aquest, és el secret de la poesia de què parles. ... Jo, ben al revés de tu ... (veus?) ... trobo ben laudable el que ara estan fent. Quantes vegades, al passar per aquests carrers i aixecar els ulls al que va ser niu dels meus amors, no corqueia de pensar que un lloc per a mi tan sant i reblert de records íntims fos profanat per l'alè de les persones desconegudes i indiferents que l'anaven

nisse ... und man muss doch zugeben, dass diejenigen, die Sonne und Licht wollen, richtiger liegen als die anderen. Schon das Sprichwort sagt ja: ›Fehlt das Licht, fehlt der Doktor nicht‹.«

»Hör auf, genug! Man merkt, dass du nie hier in diesem Viertel gelebt hast.«

»Da irrst du dich gewaltig.«

»Dann würdest du nicht so sprechen. Die Poesie der alten ...«

»Ich habe sie genau so empfunden wie du. Ich habe hier vier Jahre gewohnt ... (da, siehst du?) ... in der Gasse links, die jetzt abgeschnitten ist. Dort, genau dort träumte ich zum ersten Mal von der Liebe. Du machst dir also gar keine Vorstellung, welche Poesie das Viertel auch für mich besessen hat. Wir beide, du und ich, sind aber zu alt, um nicht zu verstehen, dass jener Duft, der uns in der Jugend berauschte und mich geradezu in die Sphären des Idealen trug, nicht von den Steinen ausging, die jetzt der Hammer einreißt. Du hast ihn, genau wie ich, in dir selbst getragen, in deiner noch unbeschriebenen, intensiv empfindenden und von der Härte des Lebens unberührten Seele. Deine eigene Unbewusstheit und deine Jugend waren das Ferment jenes uns damals berauschenden Duftes. Der in der ersten Lebensetappe so natürliche Hang, alles gut, schön und heilig zu finden, weil du selbst so warst, vermittelten dir ein einfacheres Gefühl von den Sachen und Empfindungen, ein falsches Gefühl, das nicht der Realität entsprach: Es war ein durch und durch subjektiver Eindruck. Darin, und nur darin liegt das Geheimnis der Poesie, von der du gesprochen hast. ... Ich hingegen denke ganz anders als du ... (siehst du?) ... ich finde es ganz in Ordnung, was man

habitant! Jo tinc per tan sagrat el domicili, que mai no voldria veure'l sobreviure al seu primer estadant. Un cop n'has tret aquest, és un estoig dins del qual cap altre joiell no encaixa ni llueix bé. Per què entestar-se, doncs, a prolongar el servei de les coses que no s'han fet per a nosaltres, que ens repel·leixen, que ens blasmen i ens fan patir?

–Així sí que cada trenta anys faríem la ciutat nova! –exclamà en Casarramona amb ironia gairebé insolent.

–No diré l'acròpolis o la seva part monumental –vaig respondre jo amb somrís caritatiu–; però, l'urbs particular, per què no? Amb la contínua evolució dels temps tot canvia o es modifica; i en aquest, que és dels invents a diari i de l'intercanvi universal de tot, encara més. Cada generació porta, més distint que mai, el seu peculiar caràcter. Els seus gustos, els seus credos, les seves aficions i necessitats, quan no obertament oposats als de la generació anterior, són ben diferents. Mai l'home no ha tingut una noció tan clara com avui de lo efímer de la vida terrenal. Tot el que fa sembla provisori. Tot, tot lo seu revesteix aquest caràcter: la casa, el tren, el tramvia, el nínxol en què ens sepulten, una gàbia justa i prima que es desfà a cops de martell. Tot fent el viatge, estudia, treballa i s'enginya només per poder pagar el passatge i veure si durant la llarga travessia, començada a tercera o a segona, pot aconseguir acabar-la millor, acomodat a primera.

hier macht. Wie oft, wenn ich hier vorbeikam und meine Augen über die Fassade wanderten, wo mein Liebesnest gewesen war, wurmte mich der Gedanke, dass ein für mich so heiliger Ort voller geheimster Erinnerungen von dem Atem fremder, gleichgültiger Menschen entweiht werden sollte, die dort einziehen würden. Ich schätzte diese Wohnung so hoch, dass ich nicht sehen wollte, wie sie ihren früheren Bewohner überdauerte. Ohne den war sie wie eine Schatulle, in die kein anderer Schmuck passte, die keinem anderen Glanz verleihen konnte. Warum sollte man also krampfhaft daran festhalten, die Dienstbarkeit der Dinge verlängern zu wollen, die nicht mehr für uns gemacht sind, die uns abweisen, uns verleugnen und schmerzliche Gefühle wecken?«

»Dann müssten wir ja alle dreißig Jahre eine neue Stadt bauen!« rief Casarramona mit geradezu beißendem Spott.

»Vielleicht nicht gerade die Akropolis oder ihren historischen Teil«, erwiderte ich mild lächelnd, »doch die private Stadt – warum nicht? In der dauernden Evolution von einem Zeitalter zum andern wird alles modifiziert und verändert, wie viel mehr noch in unserer Zeit der täglichen Erfindungen und des universalen Austauschs. Jede Generation trägt, heute deutlicher denn je, ihre eigenen Züge. Der Geschmack, die Überzeugungen, die Neigungen und Bedürfnisse unterscheiden sich von einer zur anderen, wenn sie nicht sogar völlig entgegengesetzt sind. Noch nie zuvor haben die Menschen eine so klare Vorstellung von der Vergänglichkeit des irdischen Lebens gehabt wie heute. Alles, was sie tun, wirkt provisorisch. Alles, womit sie sich umgeben, ist Ausdruck dieses Charakterzugs: das Haus, der Zug, die Straßenbahn, die Grabnische – ein schmaler, knapp bemessener Käfig, der unter einem Hammerschlag sofort zerbricht. Auf seiner Le-

Ben pocs són ja els que s'afanyen a acabalar i guardar per al seu hereu. Ja saben que aquest se'n gaudiria poc temps, i que encara pitjor que aquest farien els seus néts. I quan la mudança de costums és diària, quan l'home arriba àdhuc a transformar la sabor i la color dels fruits naturals, no fóra un contrasentit seguir bastint cases de pedra pensant que les habitaran a gust els nostres néts? No, amic Casarramona: ni per amor ni per conveniència, no hem de plorar avui que s'enderroquin aqueixes tutes tenebroses que un dia foren niu de les nostres afeccions més tendres. Tu i jo, enlluernats pel fúlgid record de la nostra adolescència, les veiem encara plenes de claror. Avui els nostres fills no hi entren sinó a les palpentes i tapant-se el nas per precaució higiènica. Abans que segueixin fent-ne escarni o que les cedeixin a la més baixa prostitució, que les enrunin. Pensa que la seva història era, a més a més, massa humil, i sobradament íntims els records que guarden, perquè la seva existència pugui interessar a ningú més que als que van glatir-hi amb il·lusió. Ja ens en anem d'aquest món. Que obrin pas a la generació nova, al nou dia, que hi té més dret que el nostre, ja que ell neix quan el nostre es pon.

bensreise studiert und arbeitet der Mensch und lässt sich etwas einfallen, nur um die Fahrkarte bezahlen zu können und zuzusehen, dass er es auf der langen, in der dritten oder zweiten Klasse begonnenen Fahrt schafft, etwas besser gestellt die Reise schließlich in der ersten Klasse zu beenden.

Nur wenige bemühen sich noch, für ihren Erben Güter anzusammeln und zu sparen. Sie wissen, dass dieser nur kurze Zeit etwas davon hätte und dass es den Enkeln noch schlechter erginge. Wenn die Gepflogenheiten sich täglich ändern, wenn der Mensch es sogar schafft, den natürlichen Geschmack und die Farbe der Früchte zu beeinflussen, wäre es da nicht widersinnig, Steinhäuser zu errichten in dem Glauben, dass noch unsere Enkel gern darin leben werden? Nein, mein lieber Casarramona, weder aus Liebe noch aus Zweckdenken müssen wir es heute beweinen, dass diese düsteren Höhlen, wo einst unsere zartesten Gefühle sprossen, abgerissen werden. Du und ich, geblendet von der strahlenden Erinnerung unserer Jugend, sahen sie noch lichtdurchflutet. Wenn unsere Kinder sie heute betreten, tappen sie im Dunkeln und halten sich aus hygienischen Gründen die Nase zu. Bevor sie darüber spotten oder die Wohnungen der schäbigsten Prostitution überlassen, sollen sie sie lieber in Schutt legen. Bedenke auch, dass die Geschichte dieser Häuser zu ärmlich ist und die in ihnen bewahrten Erinnerungen zu privat sind, als dass ihre Existenz irgendjemand anders interessieren könnte als diejenigen, die sich dort vor Erwartung verzehrten. Wir werden diese Welt bald verlassen. So schaffe man doch Platz für die neue Generation, den neuen Tag, der mehr Daseinsberechtigung hat als der unsrige, denn er geht auf, während unser Tag sich neigt.«

–I ara! doncs, què em deies, fa un moment, d'en Vilanova? No comprenies el seu disgust? Confesso que no t'arribo a entendre.

–Sí, la joia que ocupava el seu estoig, sí, reconec que avui tindria dret de plànyer-se: jo comprendria el seu plany, però els teus platonismes, les teves llàgrimes d'arqueòleg per allò que ni ombra té d'alt interès històric ni de valor artístic ... per allò que tu mateix havies ja abandonat, com jo anys ha ... no.

–Em sembla que els teus altruismes no se'ls explicaria cap artista.

–N'hi ha que cristal·litzen com una sal qualsevol.

–Estàs inaguantable, per no dir-te boig –féu el meu antiquari, deixant-me en sec per anar-se'n rondinant.

I jo, bocabadat de sorpresa, em vaig quedar contemplant com mon amic s'allunyava, però sense envejar-li el criteri i pensant altra vegada en el poeta desitjat.

»Na hör mal! Was hast du mir denn eben von Vilanova gesagt? Hattest du nicht Verständnis für seinen Unmut? Ehrlich gesagt, ich verstehe dich nicht.«

»Ja, dem Schmuckstück, das in die Schatulle gehörte, ja, dem gestehe ich ein Recht zu sich heute zu beklagen. Seine Klage würde ich verstehen. Aber deine Platonismen, deine Archäologentränen über etwas, das überhaupt keinen historischen oder künstlerischen Wert hat, über etwas, das du selbst vor Jahren schon aufgegeben hast, wie ich …, nein, die verstehe ich nicht.«

»Mir scheint, dass nicht einmal ein Künstler sich deine Art von Altruismus erklären könnte.«

»Es gibt Tränen, die bilden Kristalle wie jedes beliebige Salz.«

»Du bist unausstehlich, um nicht zu sagen verrückt«, fuhr mein Antiquar mich an, ließ mich einfach stehen und ging schimpfend weiter.

Völlig überrascht blickte ich meinem Freund hinterher, jedoch ohne ihn um seinen Standpunkt zu beneiden. Vielmehr dachte ich erneut an den Dichter, den ich anfangs herbeigesehnt hatte.

Anotacions per als lectors de la versió alemanya / Erläuterungen

Der Bäckerjunge

Das Märchen vom Mädchen im Kirschbaum: »La Cirereta« ist ein kleines Mädchen, das trotz des Verbots seiner Mutter in den Kirschbaum steigt, nach dem Genuss der Kirschen aber nicht allein hinunterklettern kann. Keiner der vorbeigehenden Erwachsenen will dem Kind dabei helfen.

Schilfrohrdecke: Schilfrohr wurde in ländlichen Häusern unter den Holzbalken befestigt, um dem Deckenputz mehr Halt zu verleihen.

Espardenyes: Stoffsandalen, deren Sohle aus dem am südlichen Mittelmeer verbreiteten Espartogras geflochten wird (okzitanisch »Espadrilles«, spanisch »Alpargatas«). Die traditionelle Ausführung mit schwarzen Baumwollkappen und am Knöchel zu befestigenden Bändern war zunächst in ganz Spanien und Südfrankreich verbreitet, galt aber schließlich als das Schuhwerk der Landbevölkerung und der armen Leute. Heute sind die *Espadrilles* in allen möglichen Ausführungen wieder als Sommerschuhe beliebt.

Die Heiligen Drei Könige: In Spanien ist es üblich, dass die Kinder ihre Weihnachtsgeschenke erst in der Nacht vom 5. zum 6. Januar von den Heiligen Drei Königen erhalten.

Wer ist eigentlich verrückt?

El Diluvio, La Gaceta, La Campana de Gràcia, Lo Nunci: Namen von damals gängigen Zeitungen (Die Sintflut, Die Gazette, Die Glocke von Gràcia, Der Bote).

Les Corts de Sarrià: Die Erzählung vermittelt ein Bild der Stadt Barcelona, wie es sich um das Jahr 1885 bot. Der heutige Stadtteil Les Corts war von 1836 bis 1897 (dem Zeitpunkt seiner Angliederung an Barcelona) ein selbstständiger Ort mit eigener Verwaltung. Vor 1836 hing er von Sarrià (heute ebenfalls ein Stadtteil von Barcelona) ab, weil er keine eigene Kirchengemeinde besaß. Les Corts war zunächst ein landwirtschaftliches Gebiet, bis auch dort Mitte des 19. Jahrhunderts die Industrialisierung einsetzte. Zur selben Zeit wurden in Les Corts verschiedene medizinische und soziale Einrichtungen gegründet, darunter 1870 das »Institut Frenopàtic«, also die »Irrenanstalt«, die der Erzähler mit einem Bekannten besucht (die Fassade ist noch heute in der Carrer de l'Institut Frenopàtic zu sehen).

Die Irrenanstalt: Das nicht umsonst als modern beschriebene Sanatorium wurde 1863 als »Institut Frenopàtic« von dem Hirnspezialisten Tomàs Dolsa Ricart (1819–1909) und seinem Schwiegersohn Pau Llorach Malet gegründet. Damals setzte sich eine neue Auffassung der Geisteskrankheit durch, die Verrücktheit als heilbare Pathologie

betrachtete. Die beiden katalanischen Ärzte waren Anhänger dieser modernen Richtung.

Die Straßenbahn: Am 27. Juni 1872 wurde in Barcelona die erste, noch von Pferden gezogene Straßenbahnlinie eingeweiht. Sie führte vom Stadtzentrum, dem an den Ramblas gelegenen Markt der Boqueria, bis zum Ende von Gràcia, dem Kirchplatz der Josepets (heute Plaça Lesseps). Die Wagen waren zweistöckig und fassten offiziell 36 Passagiere. 1877 wurde eine längere, dampfbetriebene Linie eingesetzt (Barcelona – El Clot – Sant Andreu). 1899 fuhr in Barcelona die erste elektrische Straßenbahn (in Berlin bereits seit 1879). Bis 1907 wurden alle Linien auf Elektrizität umgestellt. Der Erzähler benutzt noch eine von Pferden gezogene Bahn. Sie führt ihn von den Ramblas in nordwestlicher Richtung über die Carrer d'Aribau nach Les Corts.

Gran Dio! morir sì giovane: Arie der Violetta in Giuseppe Verdis Oper »La Traviata« (III. Akt).
»Grosser Gott! So jung zu sterben
ich, die ich so sehr gelitten habe!
Zu sterben, da ich nahe dabei bin,
meine so lange vergossenen Tränen zu trocknen.«

Ein Begräbnis

Omnis qui vivit et credit in me: Zitat aus dem Johannes-Evangelium. »Jeder, der lebt und an mich glaubt, wird auf ewig nicht sterben.« Joh, 11,26.
Tibidabo: Neben dem Montjuic der zweite Hausberg von Barcelona. Er ist mit 512 m der höchste Gipfel der Berg-

kette Collserola, die sich im Nordwesten Barcelonas erstreckt. 1901, also nach der Entstehung der Erzählung, wurde dort ein Vergnügungspark errichtet, 1902 die weithin sichtbare Kirche Sagrat Cor (nach dem Vorbild von Sacre Coeur auf dem Montmartre in Paris). Der Name des Berges geht auf die in der Bibel berichtete Versuchung Jesu durch den Teufel zurück. Der Teufel führte Jesus auf einen Berg und zeigte ihm die Reichtümer der Welt mit den Worten: » ... *haec omnia* **tibi dabo** *si cadens adoraveris me*.« [Das alles will ich dir geben, wenn du dich niederwirfst und mich anbetest.] Matthäus, 4:8.

Break: Offener Pferdewagen mit zwei sich gegenüberstehenden Sitzbänken.

Der Grundstein

Palau de la Virreina: Ein Zivilgebäude im barocken Stil von 1772. Erbaut wurde das Stadtschloss durch den damaligen Vizekönig von Peru, Manuel Amat i Junyent, Marquis von Castellbell, doch bewohnt wurde es von seiner um viele Jahre jüngeren Witwe Maria Francesca de Fivaller i de Bru, der »Vizekönigin«, die dem Gebäude den Namen gab. Die einige Meter von der Straße zurückgesetzte dreistöckige Hauptfassade zeigt auf die Rambla de Sant Josep (neben der Markthalle, der sogenannten Boqueria), oder Rambla de les Flors. Heute ist der Palais unter anderem Sitz des Kulturbüros der Stadt Barcelona und es finden dort regelmäßig Ausstellungen statt.

Duro: Ein Duro entsprach fünf Peseten (im Sprachgebrauch noch bis zur Umstellung auf den Euro). Im 19. Jahrhundert

kursierten Goldmünzen (*dobletes* – Dublonen) im Wert von fünf, vier und zwei Duros. Die Kaufkraft geht aus der Tatsache hervor, dass der Schneider einen Anzug für zwanzig Duros näht.

Havanna: Seit Kuba 1763 wieder spanische Kolonie geworden war, wanderten viele Katalanen nach Havanna aus, um dort ihr Glück zu versuchen. Einige gründeten prosperierende Firmen (z. B. Bacardí) und bereicherten sich am Handel mit Rum, Zucker, Zigarren, Kaffee und Sklaven. Mitte des 19. Jahrhunderts war Kuba die wichtigste Kolonie Spaniens. 1868 begannen die Kämpfe um die Unabhängigkeit. 1898 verlor Spanien den Unabhängigkeitskrieg, Kuba aber geriet unter die Vorherrschaft der USA.

Rambla de les Flors: Seit 1853 sind auf diesem mittleren Teil der Ramblas, also des großen Boulevards, der von der Plaça Catalunya bis zum Meer hinunterführt, Verkaufstische für Blumen offiziell erlaubt.

Elasticotín: Ein offensichtlich beliebtes Gewebe. Im Königlichen Dekret vom 14. März 1929 wird es als Stoff für die Uniformen des staatlichen Advokatenkorps erwähnt.

Carrer Nou: »Neue Straße«, eine der wichtigsten von der Rambla ins Raval abzweigenden Straßen. Sie verbindet die Rambla dels Caputxins mit der großen Verkehrsader »Paral·lel« und öffnete den Weg zum Montjuic. Gebaut wurde sie 1774, nach dem Niederriss der Stadtmauer, und war somit ein wichtiger Schritt zur Stadterweiterung.

Liceu: Populärer Name für das auf der Rambla gelegene Opernhaus, »El Gran Teatre del Liceu«. Es war seit 1837 in Betrieb, wurde aber erst 1847 offiziell eingeweiht und war hundert Jahre lang in Europa das Opernhaus mit dem größten Zuschauerraum.

Die Afrikanerin: Oper in fünf Akten von Giacomo Meyerbeer, der französische Originaltitel ist *L'Africaine* (Uraufführung 1865 in der Pariser Oper). Das Werk schildert frei erfundene Ereignisse aus dem Leben des portugiesischen Seefahrers Vasco da Gama.

Der Genius des Vaterlands: Möglicherweise eine Anspielung auf das 1833 von Bonaventura Carles Aribau verfasste Gedicht *La pàtria*. Es gilt als Ausgangspunkt der Bewegung der *Renaixença*, der es um die Wiederentdeckung der katalanischen Kultur und Sprache ging. Sie umfasst die Stilrichtungen Romantik, Realismus und Naturalismus und wird Ende des 19. Jahrhunderts vom sogenannten *Modernisme* abgelöst. Im Gedicht heißt es:
Muira, muira l'ingrat que, al sonar en sos llavis
per estranya regió l'accent natiu, no plora ...
[Es sterbe, es sterbe der Undankbare, der, wenn auf
seinen Lippen
in fremder Gegend die Muttersprache ertönt, nicht
weint ...]

Ein Kuss

Carrer de la Diputació: Die Straße liegt in dem in der zweiten Hälfte des neunzehnten Jahrhunderts nach Plänen von Ildefons Cerdà neu erbauten Stadtdistrikt, dem sogenannten *Eixample* (Katalanisch für »Erweiterung«). Die mehrstöckigen Wohnblocks beherbergen weitläufige Wohnungen, die zunächst im Bürgertum und gehobenen Mittelstand gefragt waren.

Llotja: Die *Llotja de Barcelona* am Pla de Palau, in der Nähe

des alten Hafens, ist historischer Sitz der Börse von Barcelona. In wechselnden Gebäuden war sie schon seit dem Mittelalter ein Umschlagplatz und Treffpunkt der Händler. Im 18. Jahrhundert wurde das gotische Gebäude durch das heute noch erhaltene neoklassische ersetzt. Heute ist es Sitz der Handelskammer von Barcelona und der Kunstakademie Sant Jordi.

Natur

Les Borges: Vermutlich vermeidet der Autor hier wie auch in anderen Erzählungen absichtlich eine genaue Ortsangabe, lässt aber doch eine Assoziation mit realen Orten zu. Man findet in Katalonien etliche Toponyme, die »Borges« enthalten (borja = mit einem Kuppeldach versehene Steinbaracke auf einem Feld). Der bekannteste Ort ist Les Borges Blanques südöstlich von Lleida. Es gibt aber in der Provinz Tarragona, nicht allzu weit von Valls, der Geburtsstadt des Autors, die kleine Ortschaft Les Borges del Camp, ebenfalls in einem landwirtschaftlichen Gebiet gelegen und von dem Flüsschen Riera d'Alforja bewässert. Diese Region könnte den Hintergrund der Erzählung bilden.

Das Bewässerungssystem: Die in der Erzählung beschriebene Bewässerung erfolgt durch zwischen den Feldern angelegte Wasserkanäle und -gräben, sogenannte *séquies* (Waale). Sie werden in diesem Fall von einem Fluss gespeist. Da die Wassermenge begrenzt ist, einigen sich die benachbarten Bauern auf eine Bewässerungsordnung, wonach jeder das Wasser zu einem bestimmten Zeitpunkt

auf seine Felder leiten darf. Über die Einhaltung der Ordnung wacht eine öffentliche Instanz, wie zum Beispiel das bekannte Wassergericht von Valencia. Für den Protagonisten der Erzählung wird die Ordnung verhängnisvoll, weil er seine Wasserzuteilung verliert, wenn er sie nicht an dem Tag nutzt, an dem sie ihm zusteht.

Die Fabrik

Vallfonda: Der Ort, sowie der Name des Flusses, des Gebirges und der Stadt Cardoner sind fiktiv, nicht aber die beschriebene Entwicklung eines unbedeutenden Dorfs im Landesinnern zu einer Industriestadt. Sie steht exemplarisch für den wirtschaftlichen Aufschwung Kataloniens in der zweiten Hälfte des 19. Jahrhunderts. Die ersten Dampffabriken waren zwischen 1830 und 1860 an der Küste entstanden, in der Nähe der Häfen, wo die Kohle angeliefert wurde, so dass die erste Etappe der industriellen Revolution sich in den Landkreisen Barcelonès, Maresme und Garraf vollzog. Ab 1870 wurde zunehmend die kostengünstigere hydraulische Energie genutzt, so dass die Industrie an Flüsse wie Besòs, Llobregat, Cardener und Ter verlagert wurde. So entstanden die Arbeiterkolonien mit einer kompletten Infrastruktur von Wohnungen, Schulen, Kirchen und Geschäften, die den Fabrikarbeitern das Leben in der Nähe der Produktionsstätten ermöglichte.
Carrer Sant Pere: Eine Straße im südöstlichen Stadtteil la Ribera, einem der ältesten Distrikte Barcelonas. Wegen der damaligen Nähe zum Meer besaß er im Mittelalter große

wirtschaftliche Bedeutung. Im 19. Jahrhundert erhielt er 1869 durch den Abriss der Zitadelle (Ciutadella) und den Bau der Markthalle »El Born« wieder Aufschwung.

Selfaktor: Eine vollautomatische Spinnmaschine. Nur zum Ansetzen gerissener Fäden und zum Auswechseln der Spulen (Kopse) wurden noch Arbeiter benötigt.

Kardiermaschinen: Sie machen aus Flocken und Fasern einen Flor, der schließlich als Band aufgerollt zu Garn versponnen werden kann.

Ein gewisser Sánchez: Der geläufige kastilische Nachname deutet ironisch an, dass der Abgeordnete nicht aus Katalonien stammt und daher wohl die dortigen Verhältnisse gar nicht kennt.

Die Brautleute von Saverdun

Puigcerdà: Die Stadt Puigcerdà (Provinz Girona) liegt auf einer Höhe von 1202 m in den katalanischen Pyrenäen im breiten Tal des Flusses Segre, direkt an der Grenze zu Frankreich. Narcís Oller hat hier oft die Sommermonate verbracht und an seinen Romanen gearbeitet.

Carlistenkriege: Die Erzählung spielt 1875, zur Zeit des dritten Carlistenkriegs (1872–1876) Die Carlistenbewegung entstand in Spanien Anfang des 19. Jahrhunderts im Zusammenhang mit dem Streit um die spanische Krone zwischen Ferdinand VII. und seinem Bruder Carlos. König Ferdinand hatte 1830 seine Tochter Isabella II. als Thronfolgerin eingesetzt, Carlos hingegen beanspruchte die Einhaltung des Salischen Gesetzes, das nur die männliche Erblinie vorsah. 1833, nach Ferdinands Tod, brach der

erste Carlistenkrieg zwischen den absolutistischen Anhängern von Carlos und den liberalen Anhängern von Isabella als Bürgerkrieg um die Thronfolge aus. 1839 wurden die Kämpfe eingestellt und Carlos ging ins Exil nach Frankreich. Zwischen 1847 und 1849 entzündeten sich die Kämpfe wieder, als es um die Heirat von Isabella II. und also erneut um die Besetzung des Thrones ging. Im September 1868 wurde Isabella durch einen von Cádiz ausgehenden Staatsstreich des liberalen Generals Juan Prim abgesetzt (Revolution von 1868). Die Frage ihrer Nachfolge führte zum Deutsch-Französischen Krieg von 1870, denn Leopold von Sigmaringen-Hohenzollern war von dem neu konstituierten Parlament (Cortes) gegen den Willen Frankreichs der spanische Thron angeboten worden. Die Carlisten stellten inzwischen eine konservative Partei mit 90 Abgeordneten. Als sie 1872 hohe Stimmverluste hinnehmen mussten, beschloss der Prätendent Carlos VII. seine Thronansprüche mit Waffengewalt durchzusetzen. So begann der 3. Carlistenkrieg. Die 1873 ausgerufene Erste Spanische Republik setzte den Kampf gegen die Carlisten fort. Doch sie scheiterte. Bereits am 30. Dezember 1874 kam es zur Inthronisierung des ältesten Sohns Isabellas, Alfons XII. Der dritte Carlistenkrieg endete durch Kapitulation der carlistischen Regimenter am 25. Februar 1876.

La Seu d'Urgell: Eine in den Pyrenäen, in der Nähe von Andorra gelegene Stadt. Im Mittelalter war sie Hauptstadt der Grafschaft Urgell. Bereits 572 war die Stadt Bischofssitz geworden, was ihr den Beinamen »La Seu« eintrug. Die Stadt war ein Zentrum der carlistischen Bewegung.

Während des drittten Carlistenkriegs allerdings war die Bevölkerung gespalten. Am 26. August 1875 mussten sich die Carlisten unter der Belagerung der Stadt durch die königstreuen Truppen ergeben.

Das Roussillon: Ein Landkreis Nordkataloniens im Süden Frankreichs. Infolge des Pyrenäenfriedens von 1659 wurde das Gebiet von Katalonien abgetrennt und Frankreich zugesprochen. Heute gehört es zur Region Languedoc-Roussillon.

Verdun: Gemeint ist der Ort Saverdun, eine französische Gemeinde mit heute 4531 Einwohnern im Département Ariège in der Region Midi-Pyrénées. Der Ort liegt am Fluss Ariège. Um Verwechslungen mit der nordfranzösischen Stadt Verdun zu vermeiden, wird in der deutschen Übersetzung der heutige Name Saverdun verwendet.

Garonne: Ein Fluss in Südwestfrankreich. Er entspringt im Vall d'Aran in den katalanischen Pyrenäen, fließt durch Toulouse und Bordeaux und mündet in den Atlantik. Die Ariège mündet südlich von Toulouse in die Garonne.

Port-Vendres: Ein französischer Hafenort am Mittelmeer, nördlich der spanischen Grenze in der Region Languedoc-Roussillon. Nach Barcelona sind es ungefähr 200 km.

Eine Persönlichkeit

Vichy: Es handelt sich um den Badeort in Katalonien, südlich von Girona.

Die Stadtreform

Carrer de l'Argenteria: Die Straße liegt in dem historischen Stadtteil »La Ribera«. Sie mündet auf den Platz vor der gotischen Kathedrale Santa Maria del Mar. Das Viertel, von dem der Autor spricht, wurde im Zuge des 1908 begonnenen Baus der neuen Verkehrsader, der Via Laietana (heute Pau Claris), völlig umgestaltet. Die Straße war bereits 1859 von Ildefons Cerdà geplant worden, um den neuen Distrikt des *Eixample* mit dem Hafen zu verbinden. Um die 80 m breite und 900 m lange Bresche zu schlagen, wurden 2199 Wohnhäuser, einige mittelalterliche Stadtpalais sowie zwei Klöster abgerissen. Ungefähr 10 000 Menschen waren von der Sanierung betroffen.
Die Umgestaltung fand unter dem Protest der Anwohner und zahlreicher Künstler statt, darunter der Architekt und Konservator Jeroni Martorell (Barcelona, 1876–1951). Angesichts der in den letzten Jahren unter großer Kritik stattgefundenen Umgestaltung ganzer Stadtviertel Barcelonas erhalten Narcís Ollers Überlegungen eine neue Aktualität.

Nota a l'edició

La selecció dels textos es basa a l'edició del 1948: Narcís Oller, *Obres Completes*, Barcelona, Editorial Selecta, 1948. Els contes pertanyen a diferents reculls que Narcís Oller mateix va publicar al llarg de la seva vida.

«El vailet del pa», de: *Croquis del natural*, 1879.

«On són, els boigs?», de: *Notes de color*, 1883.

«Un funeral», «La primera pedra» i «Un petó» de: *De tots colors*, 1888.

«Natura» i «La fàbrica», de: *Figura i paisatge*, 1897.

«Els nuvis de Verdun», de: *Rurals i urbanes*, 1914.

«Un personatge» i «La reforma», de: *Al llapis i a la ploma*, 1918.

Editorische Notiz

Die Textauswahl stützt sich auf die Gesamtausgabe von 1948: Narcís Oller, *Obres Completes*, Barcelona, Editorial Selecta, 1948. Die Erzählungen gehören verschiedenen von Narcís Oller im Lauf seines Lebens selbst herausgegebenen Sammlungen an.

»Der Bäckerjunge«, aus: *Croquis del natural* [Skizzen nach der Natur], 1879.

»Wer ist eigentlich verrückt?«, aus: *Notes de color* [Farbakzente], 1883.

»Ein Begräbnis«, »Der Grundstein« und »Ein Kuss« aus: *De tots colors* [In allen Farben], 1888.

»Natur« und »Die Fabrik«, aus: *Figura i paisatge* [Figur und Landschaft], 1897.

»Die Brautleute von Saverdun«, aus: *Rurals i urbanes* [Ländliches und Städtisches], 1914.

»Eine Persönlichkeit« und »Die Stadtreform«, aus: *Al llapis i a la ploma* [Mit Bleistift und Feder], 1918

Epíleg

Narcís Oller, retratista d'una societat en transformació

Amb raó, Narcís Oller és considerat capdavanter de la novel·la catalana vuitcentista, per dos motius. Descriu el naixement d'una nova societat catalana sota els auspicis del ràpid progrés de la revolució tècnica i industrial – els canvis de les ciutats, la febre de l'especulació, la formació d'una burgesia orientada als valors mercantils – i ho fa en llengua catalana, considerant-la (després d'unes primeres publicacions periodístiques en castellà) l'únic mitjà d'expressió adient per retratar autènticament el món que ell observa. Val dir que la tria d'Oller d'emprar el català, menyspreat com a llengua minoritària i poc desenvolupada per abraçar temes contemporanis, va topar amb la incomprensió d'alguns escriptors no catalans. Així, en una carta del 14 de desembre de 1884 dirigida al novel·lista Benito Pérez Galdós, que d'altra banda constitueix un dels seus models literaris al costat de Balzac, Zola, Tolstoi i Turguénev, Narcís Oller manifesta: «*Escric novel·la en català perquè visc a Catalunya, copio costums i paisatges catalans i catalans són els tipus que retrato, en català els sento cada dia, a totes hores, com vostè sap que parlem aquí. No pot vostè imaginar efecte més fals i ridícul que el que em causaria a mi fer-los dialogar en una altra llengua, ni puc ponderar-li tampoc la dificultat amb què ensopegaria per tal de trobar en paleta castellana quan pinto, els colors que em*

Nachwort

Narcís Oller, Porträtist einer Gesellschaft im Umbruch

Narcís Oller gilt zu Recht als Pionier des katalanischen bürgerlichen Romans, und das in zweierlei Hinsicht. Er beschreibt die Entstehung einer neuen wirtschaftlich prosperierenden katalanischen Gesellschaft unter der rapide voranschreitenden technischen und industriellen Revolution – die Veränderung der Städte, das Fieber der Spekulation, die Herausbildung eines am Geld orientierten Bürgertums – und er tut dies in der katalanischen Sprache, weil er sie (nach einigen frühen Veröffentlichungen in der spanischsprachigen Presse) für das einzig geeignete Medium hält, die von ihm beobachtete Welt authentisch wiederzugeben. Die Wahl einer minoritären Sprache, die für die Darstellung der zeitgenössischen Motive noch gar nicht entwickelt schien, stieß allerdings bei nicht-katalanischen Kollegen wie etwa dem bedeutenden spanischen Romancier Benito Pérez Galdós auf Unverständnis. Narcís Oller stellte deshalb in einem Brief vom 14.12.1884 an den Autor, den er neben Balzac, Zola, Tolstoi und Turgenjew durchaus als literarisches Vorbild ansah, klar: »Ich schreibe meine Romane auf Katalanisch, weil ich in Katalonien lebe, katalanische Bräuche und Landschaften nachahme und weil die von mir porträtierten Menschentypen Katalanen sind; ich höre sie jeden Tag und zu jeder Stunde auf Katala-

són familiars de la catalana (...).» Narcís Oller relaciona doncs la tria de la llengua estrictament amb l'estil realista al que s'adscriu, que demana una descripció vertadera de la vida contemporània.

Aquesta exigència la il·lustren els títols dels sis reculls de relats que es varen publicar entre 1879 i 1918, font dels textos recopilats en la nostra edició. Tots ells desperten, en la mateixa línia que la carta citada, associacions amb la pintura o el dibuix, com ara *Croquis del natural* (1879), *De tots colors* (1888) o *Al llapis i a la ploma* (1918). L'estil de Narcís Oller es caracteritza per una descripció minuciosa de tot allò que observa amb gran perspicàcia: els paisatges, el mobiliari dels pisos, la vida al camp i a la ciutat, les innovacions tècniques i el comportament humà amb les seves penúries i febleses. D'aquesta manera, la lectura promociona una imatge viva de les diferents regions de Catalunya i especialment de la seva capital Barcelona en una època de transformacions socials radicals. Els lectors s'emporten una impressió gairebé fotogràfica de la vida d'una època que pertany al passat però que, en alguns aspectes, encara té conseqüències en l'actualitat.

La decisió de Narcís Oller d'escriure en català no només es

nisch sprechen, das, wie Sie wissen, unsere Landessprache ist. Sie können sich nicht vorstellen, wie falsch und lächerlich es mir vorkäme, ihre Unterhaltungen in einer anderen Sprache wiederzugeben, und ich kann kaum die Schwierigkeit ermessen, mit der ich zu kämpfen hätte, wenn ich auf der kastilischen Palette die Farben finden wollte, die mir auf der katalanischen vertraut sind (…).« Die Wahl der Sprache stellt Oller also in direkte Beziehung zu seinem dem realistischen Stil verpflichteten Anspruch, zeitgenössische Verhältnisse wirklichkeitsgetreu zu schildern.

Diesen Anspruch verdeutlichen auch die Titel seiner sechs zwischen 1879 und 1918 veröffentlichten Erzählsammlungen, denen die vorliegende Auswahl entnommen ist. Sie alle verweisen, wie schon der zitierte Brief, auf die Malerei, angefangen von den *Croquis del natural* [Skizzen nach der Natur, 1879] über *De tots colors* [In allen Farben, 1885] bis hin zu *Al llapis i a la ploma* [Mit Bleistift und Feder, 1918]. Charakteristisch für Ollers Schreibweise sind auf genauester Beobachtung beruhende detaillierte Beschreibungen von allem, was ihm vor Augen und unter die Feder kommt: Landschaften, Wohnungseinrichtungen, ländliche Verhältnisse, städtisches Leben, technische Neuerungen und menschliches Verhalten mit all seinen Nöten und Schwächen. So entsteht beim Lesen ein lebhaftes Bild der verschiedenen Regionen Kataloniens und besonders seiner Hauptstadt Barcelona in einer Zeit des sozialen Umbruchs. Die Leser gewinnen einen hautnahen, fast fotografischen Eindruck von der Lebenswelt einer vergangenen, aber in vieler Hinsicht noch nachwirkenden Epoche.

Ollers Hinwendung zur katalanischen Sprache hat neben

veu motivada per raons literàries, sinó també pel context sociopolític. Amb el creixement econòmic de Catalunya al segle XIX i sobre el rerefons d'una Monarquia debilitada pels conflictes de successió, s'enforteix la consciència nacional i apareix la necessitat de revifar la cultura pròpia, reprimida al llarg de dos-cents anys d'hegemonia borbònica. Aquest era el programa del moviment literari de la *Renaixença*, encara que els seus fundadors aspiraven més aviat a una poesia romàntica medievalitzant i arcaïtzant.[1] L'any 1859 es varen inaugurar, amb el suport de l'Ajuntament de Barcelona, els nous Jocs Florals, concurs literari de poesia i prosa en llengua catalana que s'havia celebrat fins al segle XV. Narcís Oller hi va participar per primera vegada l'any 1879, animat pels amics del cercle literari de la revista *La Renaixensa*, amb el dramaturg Àngel Guimerà com a capitost, que es solien trobar al Cafè Suïs o al Cafè Espanyol. De seguida el relat *Sor Sanxa* va ser premiat, igual que l'any posterior la novel·la curta *Isabel de Galceran* (nucli de la novel·la *Vilaniu*, publicada el 1885). S'ha de destacar que Narcís Oller no es refereix a un llenguatge elitista de culte quan tria el català d'acord amb l'estètica realista sinó l' idioma que parla la gent i que no havia caigut mai en desús. Quan l'autor, anys més tard, confessa a l' admirada Caterina Albert i Paradís alies Víctor Català, escriptora considerablement més jove que ell, que havia manllevat molts mots dels seus contes, aquesta li respon que si «los escriptors de soca volguessen pelegrinar una mica per la terra aspra, què no en

---

[1] Fontana, Josep. *La fi de l'Antic Règim i la industrialització (1787–1868)*. Barcelona: Edicions 62, capítol XII.

den literarischen auch politische Gründe. Im Zuge der wirtschaftlichen Erstarkung Kataloniens und auf dem Hintergrund einer durch Thronfolgestreitigkeiten geschwächten Monarchie wuchsen im 19. Jahrhundert der Nationalgedanke und das Bedürfnis, die eigene, unter der zweihundertjährigen Bourbonenherrschaft unterdrückte Kultur wiederzubeleben. Dies war das Programm der literarischen Bewegung der *Renaixença* (Wiedergeburt), deren Vertreter allerdings zunächst eine romantisch verklärte, dem Mittelalter nachempfundene Dichtung anstrebten.[1] 1859 wurden mit Unterstützung der Stadt Barcelona die *Jocs Florals* erneut ins Leben gerufen, ein bis ins 15. Jahrhundert hinein abgehaltener Literaturwettbewerb für Lyrik und Prosa in katalanischer Sprache. Animiert von seinen Freunden aus dem Literatenkreis der Zeitschrift *La Renaixensa*, die sich im Café Suïs oder im Café Espanyol trafen, allen voran der Dramatiker Àngel Guimerà, nahm Narcís Oller daran 1879 zum ersten Mal teil. Seine Erzählung *Sor Sanxa* [Schwester Sanxa] wurde auf Anhieb prämiert, wie auch ein Jahr später die Novelle *Isabel de Galceran* (Kern des 1885 veröffentlichten Romans *Vilaniu*). Bezeichnenderweise bezieht Ollers Bekenntnis zum Katalanischen sich im Einklang mit der Ästhetik des Realismus nicht auf eine elitäre Kultsprache, sondern auf die gesprochene Landessprache, die von der Bevölkerung nie aufgegeben worden war. Als der Autor der erheblich jüngeren Kollegin Caterina Albert i Paradís alias Víctor Català Jahre später gestand, dass er ihren Erzählungen zahlreiche Wörter verdankte, riet diese den ge-

---

1 Fontana, Josep: *La fi de l'Antic Règim i la industrialització (1787–1868)* [Das Ende des Ancien Régime und die Industrialisierung]. Barcelona: Edicions 62, Kapitel XII.

traurien, en tresors de tota mena, d'aqueixa mina inagotable dita poble!»[2].

El nostre recull pretén donar almenys una idea de la varietat de la creació literària de Narcís Oller, integrant relats de tots els períodes i de temàtica diferent. El conte i la prosa curta sempre varen ocupar un lloc important en la seva obra, al costat de les novel·les i novel·les curtes. El primer llibre imprès – i ressenyat immediatament en revistes sicilianes, portugueses i franceses – va ser la recopilació de contes *Croquis del natural*, del 1879. S'hi troba l'extraordinari relat *El vailet del pa* que introdueix també aquesta edició. Amb l'obra *La Papallona*, del 1882, Narcís Oller assolí l'èxit internacional com a novel·lista. Émile Zola, amb el qual Oller ja mantenia una correspondència abans de conèixer-lo personalment durant el seu segon viatge a París, l'any 1886, va redactar un pròleg a l'edició francesa on remarcà les diferències respecte del Naturalisme defensat per ell mateix: «Nosaltres som positivistes i deterministes (...) i Oller, abans que tot és un narrador que s'emociona amb la seva narració, que va fins al fons de l'entendriment, a risc de sortir-se de la veritat.» Sembla que l'autor de *La papallona* va estar d'acord amb aquest comentari, ja que agraeix al seu col·lega la imparcialitat i sinceritat.[3] És més, en varies ocasions Narcís Oller aclareix, distanciant-se clarament del Naturalisme, que l'artista ha d'afegir el seu sentiment a l'observació de la realitat: «L'obra d'art és fruit de l'observació i el sentiment, posats en joc davant del natural. Mai

---

2 Carta del 8 de febrer de 1904. A: Oller, N. *Memòries. Història de mos llibres i relacions literàries*. Barcelona: Cossetània Edicions, 2014, p. 537.

3 Carta del 26 d'octubre de 1885. Ibíd., p. 51.

bildeten Schriftstellern, »ein wenig aufs rauhe Land zu kommen. Dort würden Sie Schätze aller Art heben, aus der unerschöpflichen Mine, die man das Volk nennt.«[2]

Die Erzählungen der vorliegenden Sammlung sind chronologisch und thematisch so ausgewählt, dass sie zumindest andeutungsweise einen Einblick in die Vielfalt der literarischen Produktion von Narcís Oller erlauben. Erzählungen und glossenartige Kurzprosa haben in seinem Schaffen neben den großen Romanen und Novellen immer einen wichtigen Platz eingenommen. Sein erstes gedrucktes Buch, das auch gleich die Aufmerksamkeit der sizilianischen, portugiesischen und französischen Kritik auf sich zog, war 1879 der Erzählband *Croquis del natural*. Die darin enthaltene herausragende Erzählung *El vailet del pa* [Der Bäckerjunge] leitet auch die vorliegende Auswahl ein. Seinen internationalen literarischen Durchbruch als Romancier erlebte Narcís Oller 1882 mit *La papallona* [Der Schmetterling]. Émile Zola, mit dem der Autor in Briefwechsel stand, bevor er ihn 1886 bei seiner zweiten Reise nach Paris auch persönlich kennenlernte, schrieb für die französische Ausgabe ein Vorwort, worin er die Unterschiede zu dem von ihm vertretenen Naturalismus festhielt. Oller sei weder Positivist noch Determinist. Er fühle mit seinen Figuren, sogar unter der Gefahr von der Wahrheit abzuweichen. Narcís Oller, offensichtlich einverstanden mit dieser Beobachtung, dankte seinem französischen Kollegen für die Aufrichtigkeit seines unparteiischen Kommentars.[3] Er selbst bekannte sich, in klarer Distanzierung zum Natu-

---

2 Brief vom 8. Februar 1904, in: *Memòries. Història de mos llibres i relacions literàries.* Barcelona: Cossetània Edicions, 2014, S. 537.
3 Brief vom 26. Oktober 1885, *Memòries*, a.a.O., S. 51.

una còpia servil d'aquest. En aquella funció, l'observació destria, enfoca, encaixa, la imaginació dibuixa i agrupa; el sentiment vivifica i colora.»[4] Realment, no resulta fàcil encaixar a Narcís Oller dins un sol moviment literari del seu temps. Davant de les tendències que s'encavalcaven tan seguidament en pocs anys – Romanticisme, Realisme, Naturalisme i, al final del segle XIX, el Modernisme amb la seva incorporació d'elements simbolistes – l'autor va passar per moments de grans dubtes, fins que va trencar definitivament amb l'estètica naturalista, com queda palès a la seva última novel·la *Pilar Prim* del 1806, tal vegada l'obra que connecta millor amb els lectors d'avui.

El període entre els anys 1879 i 1892 constitueix la fase més fèrtil. Amb una autèntica «febre d'escriure» l'autor publica quatre novel·les, dues novel·les curtes i tres reculls de contes. L'any 1883 apareix la novel·la *L'Escanyapobres* amb el subtítol «Estudi d'una passió», que denota l'interès psicològic. El mateix any es publiquen les narracions *Notes de color* (aquí representades amb «On son els boigs?»). L'any 1888 surt *De tots colors* («Un funeral», «La primera pedra», «Un petó»). La creació d'aquells anys culmina en la novel·la *La febre d'or* (1890–1892) al voltant de «la pujada» i «l'estimbada» d'una família que es va enriquir gràcies a les especulacions a la borsa, so-

---

4 *Guspires*, Obres Completes, Barcelona: Editorial Selecta, 1948, S.1445.

ralismus, an verschiedenen Stellen dazu, dass der Künstler zur Beobachtung der Realität sein Gefühl hinzutun müsse. »Das Kunstwerk ist Frucht der Beobachtung und des Gefühls. Beide werden angesichts des Natürlichen ins Spiel gebracht. Das Kunstwerk ist nie eine sklavische Kopie der Natur. Die Beobachtung unterscheidet, fokussiert, fügt zusammen; die Vorstellung zeichnet und komponiert; das Gefühl belebt und koloriert.«[4] In der Tat fällt es schwer, Narcís Oller eindeutig einer der literarischen Bewegungen seiner Zeit zuzuordnen. Angesichts der sich einander im Lauf weniger Jahre ablösenden Tendenzen der Romantik, des Realismus und Naturalismus und schließlich des sich am Ende des 19. Jahrhunderts durchsetzenden, symbolistische Elemente inkorporierenden *Modernisme*, war der Autor zeitweise ernsten Zweifeln unterworfen, bis er schließlich 1906 in seinem letzten, uns heute vielleicht am meisten ansprechenden Roman *Pilar Prim* mit der naturalistischen Darstellung endgültig brach.

Die Jahre 1879 bis 1892 stellen seine kreativste Phase dar. In einem wahren »Schreibfieber« publizierte er vier Romane, zwei Novellen und drei Erzählsammlungen. Der kurze Roman *L'Escanyapobres* [Der Wucherer], mit dem auf das psychologische Interesse hinweisenden Untertitel »Studie einer Leidenschaft« erschien 1883, im selben Jahr wie die Erzählungen *Notes de color* (hier vertreten mit »Wer ist eigentlich verrückt?«). Ihnen folgte 1888 die Sammlung *De tots colors* (»Ein Begräbnis«, »Der Grundstein«, »Ein Kuss«). Einen Höhepunkt des Schaffens bildet der Roman *La febre d'or* [Goldfieber, 1890–1892] vom Aufstieg und Fall einer durch Börsenspekulation

---

4 *Guspires* [Funken], Obres Completes, Barcelona: Editorial Selecta, 1948, S. 1445.

bre el rerefons de la industrialització de Catalunya i l'exposició mundial a Barcelona l'any 1888. Com que l'obra va néixer gairebé al mateix temps que *L'argent* de Zola, Oller va prevenir la temuda sospita de plagi amb la publicació de la primera part abans d'haver acabat la segona. Posteriorment, ell mateix es va distanciar d'alguns defectes estructurals. A més a més s'ha criticat que la novel·la, malgrat la seva temàtica econòmica, no deixa de ser costumista, resolent el conflicte a nivell individual. Amb tot el seu sentit liberal de justícia, Oller era «conservador i amic dels partits moderats», tal com l' havia caracteritzat el seu confident més íntim, Josep Yxart.

La productivitat de la primera fase és encara més admirable si considerem que Narcís Oller havia de compaginar la seva activitat literària amb les tasques professionals i familiars. Potser el fenomen s'explica pel fet que la seva intensa vida social constituïa la font d'inspiració de la seva escriptura i que, endemés, va escriure amb gran facilitat. En les *Memòries literàries*, dedicades «a la portentosa escriptora ‹Víctor Català›[5]», l'autor esmenta diverses vegades que va redactar un conte en una nit («El vailet del pa», «Isabel de Galceran») o una novel·la en poques setmanes. L'estiueig a Puigcerdà era l'època que aprofitava més per dedicar-se intensament a la literatura. De professió advocat, gaudia quan podia escriure i participava amb entusiasme a la vida literària del seu temps.

---

5 Una selecció dels seus contes es troba en el primer volum de la «Petita Biblioteca Catalana».

zu Reichtum gekommenen Familie, auf dem Hintergrund der Industrialisierung Kataloniens und der Weltausstellung von 1888 in Barcelona. Da dieser Gesellschaftsroman fast zeitgleich mit *L'argent* [Das Geld] von Zola entstand, kam Oller dem befürchteten Plagiatsvorwurf durch eine frühere Veröffentlichung des ersten Teils zuvor, noch bevor er den zweiten Teil beendet hatte. Später distanzierte er sich selbst von gewissen strukturellen Schwächen. Auch wurde dem Roman vorgeworfen, dass er die soziale Thematik der Spekulation *kostumbristisch* auf der individuellen Ebene löst und damit im beschaulichen Sittenbild verharrt. Bei all seinem liberalen Gerechtigkeitssinn war Oller eben doch, wie sein bester Vertrauter, Josep Yxart, ihn charakterisierte, »konservativ und ein Freund der gemäßigten Parteien.«

Die literarische Produktivität der ersten Phase ist um so erstaunlicher, als Narcís Oller seine schriftstellerische Tätigkeit immer mit seinen beruflichen und familiären Aufgaben verbinden musste. Vielleicht ist die Fülle seiner Publikationen dadurch zu erklären, dass sein intensives soziales Leben zugleich die Quelle seines Schreibens war, das ihm allerdings mit großer Leichtigkeit von der Hand gegangen sein muss. In seinen zwischen 1913 und 1916 verfassten und »der überwältigenden Schriftstellerin ›Víctor Català‹[5] gewidmeten *Memòries literàries*, Aufzeichnung der »Geschichte meiner Bücher und literarischen Beziehungen«, berichtet der Autor immer wieder, dass er eine Erzählung in einer Nacht (»Der Bäckerjunge«, »Isabel de Galceran«) oder einen Roman

---

5   Eine Auswahl ihrer Erzählungen enthält der erste Band der »Kleinen katalanischen Bibliothek«.

Pel que fa al dia a dia sostenia que duia una vida de buròcrata sense gaire interès. Del 1873 fins a la seva mort, l'any 1930, va residir sense interrupcions a Barcelona, on va ocupar un càrrec de fiscal a la Diputació de Barcelona abans d' acreditar-se com a procurador dels tribunals. El 1874 es va casar amb Esperança Rabassa, amb la qual va tenir quatre fills. De molt jove va descobrir el seu amor per la literatura i el va desenvolupar conjuntament amb el seu cosí Josep Yxart, que més endavant va ser un crític important. Narcís Oller (nascut a Valls el 10 d'agost de 1846) va criar-se amb el seu cosí a casa de l'oncle Josep Moragas, a la seva ciutat natal, després d'haver perdut el pare als tres anys. En aquell moment la mare es va traslladar a la casa del seu germà. La fornida biblioteca de Josep Moragas va contribuir a la formació de dos lectors apassionats. Juntament amb el crític Joan Sardà els cosins varen constituir una trinca inseparable, de mútua inspiració. No és d'estranyar que després de la mort prematura dels dos amics (Yxart va morir el 1895, Sardà el 1898 – ambdós de tuberculosis) Narcís Oller va caure en un «estat de depressió moral terrible»,. Amb Yxart i Sardà havia perdut la seva orientació literària, en un moment, en què tendències psicològiques i simbolistes s'oposaven a la representació purament realista o naturalista.

Algunes de les noves influències ja es manifesten a les nar-

in wenigen Wochen geschrieben hat. Vor allem die Sommeraufenthalte im Pyrenäenort Puigcerdà nutzte er zu ungestörter schriftstellerischer Tätigkeit. Von Beruf Advokat, genoss er das Schreiben und das angeregte literarische Leben seiner Zeit. Von seinem Alltag hingegen behauptete er, dass er das völlig interesselose Leben eines Bürokraten führe. Von 1873 bis zu seinem Tod im Jahr 1930 wohnte er ununterbrochen in Barcelona, wo er zunächst als Staatsanwalt der Regionalverwaltung von Barcelona, dann als Prokurator beim Gericht beschäftigt war. 1874 heiratete er Esperança Rebassa, mit der er vier Kinder hatte. Die Neigung zur Literatur entstand schon in jungen Jahren aus der engen Beziehung zu seinem Cousin Josep Yxart, später ein bedeutender Kritiker. Narcís Oller (am 10. August 1846 in Valls geboren) war zusammen mit seinem Cousin im Haus des Onkels Josep Moragas in seiner Geburtsstadt aufgewachsen, nachdem er dreijährig den Vater verloren hatte und seine Mutter in das Haus ihres Bruders gezogen war. Dessen umfangreiche Bibliothek lieferte den Stoff für die Heranbildung von zwei leidenschaftlichen Lesern. Gemeinsam mit dem Kritiker Joan Sardà bildeten die Vettern ein unzertrennliches, sich wechselseitig inspirierendes Gespann. So ist es nicht zu verwundern, dass Narcís Oller nach dem frühen Tod der beiden Freunde (Yxart starb 1895, Sardà 1898 – beide an Tuberkulose) in einen »Zustand schrecklicher Entmutigung« versank. Mit Yxart und Sardà hatte Oller seine literarische Orientierung verloren, und dies zu einem Zeitpunkt, wo psychologische und symbolistische Tendenzen die rein realistische und naturalistische Schreibweise in Frage stellten.

Die in *Figura i paisatge* (1897) versammelten Erzählungen –

racions unides en *Figura i paisatge* (1897) – entre elles «La fàbrica» i «Natura»– així com a la novel·la curta *La bogeria* (1888). Malgrat això, des de la concepció fins a la publicació de la darrera gran novel·la *Pilar Prim* (1906) van haver de passar huit anys. Durant l'últim període, Narcís Oller es va retirar de la vida literària, en aquells moments dominada pel moviment conservador del *Noucentisme*, i es va dedicar principalment a la traducció de novel·les i obres de teatre d'autors francesos, italians i russos. En 1914 i 1918 va publicar dos reculls més de narracions dispersos en diferents revistes. El relat «Els nuvis de Verdun», emmarcat amb pinzellades autobiogràfiques, pertany a *Rurals i urbanes*. La sàtira «Un personatge» i la reflexió «La reforma» sobre els canvis urbanístics de la ciutat de Barcelona, viscuts per l'autor mateix, son trets de *Al llapis i a la ploma*. Finalment, l'obra literària de Narcís Oller va veure's rehabilitada amb el Premi Crexells, atorgat l'any 1929. L'autor també va poder presenciar la publicació de les *Obres completes*, poc abans de la seva mort (el 26 de juliol de 1930 a Barcelona).

Al llegir el contes, es produeix sovint la impressió de que es tracta d'esborranys o estudis de situacions, episodis i persones que més endavant podrien sorgir en una novel·la. Oller mateix va considerar les seves notes «preses directament del natural» com a «taller»[6]. L'autor hi apareix com a cronista del seu temps, sempre amb el llapis a la mà, que pren els seus apunts arran dels esdeveniments actuals. De vegades és pre-

---

6 *Memòries*, ibíd., p. 71.

dazu gehören »Die Fabrik« und »Natur« – sowie die Novelle *La bogeria* (Der Wahnsinn, 1899) weisen bereits solche neuen Einflüsse auf. Von der Planung bis zur Veröffentlichung des letzten großen Romans *Pilar Prim* im Jahr 1906 vergingen allerdings acht Jahre. Danach zog Narcís Oller sich aus der literarischen Öffentlichkeit zurück, die nun ganz unter dem Einfluss der konservativ gründerzeitlichen Bewegung des *Noucentisme* stand, und widmete sich vor allem der Übersetzung von Romanen und Theaterstücken französischer, italienischer und russischer Autoren. 1914 und 1918 gab er noch einmal Sammlungen von in verschiedenen Zeitungen publizierter kurzer Erzählprosa heraus. Dem Band *Rurals i urbanes* ist die autobiografisch eingerahmte Erzählung »Die Brautleute von Saverdun« entnommen, dem Band *Al llapis i a la ploma* entstammen die Satire »Eine Persönlichkeit« und die über die miterlebte Umgestaltung der Stadt Barcelona reflektierende Glosse »Die Stadtreform«. Eine Rehabilitierung wurde Narcís Oller zuteil, als sein erzählerisches Werk 1929 mit dem Premi Crexells geehrt wurde. Auch erlebte er noch kurz vor seinem Tod (am 26. Juli 1930 in Barcelona) die Veröffentlichung der Gesamtausgabe seiner Schriften.

Beim Lesen der Erzählungen hat man oft den Eindruck, dass es sich um Skizzen oder Studien von Situationen, Episoden und Personen handelt, die später in einem Roman wieder auftauchen könnten. Oller selbst bezeichnet seine »direkt der Natur abgeschauten« Notizen als »Werkstatt«[6]. Der Autor erscheint hier als Chronist seiner Zeit, immer mit gezücktem Bleistift, der seine Aufzeichnungen nah am Tages-

---

6 *Memòries*, S.71.

sent com a observador en primera persona, fins i tot amb tocs satírics, i sovint, contra el dogma realista de la neutralitat, com a testimoni que no reprimeix la seva afectació moral. Recorre tant a formes tradicionals del relat com a formes de prosa curta gairebé periodística que documenten i comenten coses de la vida quotidiana, sempre barrejant la ficció i la realitat, sempre respectant una gran precisió als diàlegs i a les descripcions.

Narcís Oller és un observador perspicaç, a qui no escapen les febleses humanes. Pel que fa a les innovacions tècniques, les segueix amb un entusiasme gens crític, totalment convençut dels beneficis del progrés. Ell encara confia en que les màquines contribuiran a l'alliberament de l'home. Potser és aquí on s'obre la bretxa més pregona entre la seva experiència del món i la nostra. Però això no disminueix la seva importància per a nosaltres com a retratista incorruptible de la seva època i testimoni literari que es dirigeix a nosaltres com un contemporani gràcies a la claredat del seu estil, en conformitat amb un dels seus principis: «La sobrietat: en el menjar, és salut; en el parlar, discreció; en l'estil, força.»[7]

Claudia Kalász

---

7 *Guspires*, Obres completes, ibíd., p. 1449

geschehen macht. Manchmal tritt er selbst als Beobachter in der Ich-Form auf, nicht selten als Satiriker und häufig, entgegen dem realistischen Dogma der Neutralität, als moralisch betroffener Zeuge. Er verwendet sowohl Formen der klassischen Erzählung als auch Alltägliches dokumentierende und kommentierende Kurzprosa, immer Fiktion und Realität mischend, immer auf genaueste sprachliche Präzision der Dialoge und Schilderungen bedacht.

Narcís Oller ist ein scharfer Beobachter, der menschliche Schwächen kritisch aufspießt, der aber die großen technischen Neuerungen begeistert fortschrittsgläubig begrüßt. Er glaubt noch an die Befreiung des Menschen durch die Maschinen. Darin besteht sicher die größte Kluft zwischen seiner Welterfahrung und der unsrigen. Doch als unbestechlicher Porträtist seiner Epoche ist er für uns heute ein bedeutender literarischer Zeuge, dessen stilistische Klarheit uns zeitgenössisch anspricht. War doch sein Grundsatz: »Nüchternheit: beim Essen bedeutet sie Gesundheit, beim Sprechen Diskretion und beim Schreiben Kraft.«[7]

Claudia Kalász

---

[7] *Guspires*, Obres completes, a.a.O., S.1449.

La traductora

Claudia Kalász viu a Barcelona des del 1988. Es dedica a l'ensenyament de l'alemany, la literatura i la traducció. Va estudiar Germanística, Filosofia i Politologia a Tübingen i Frankfurt i va ocupar una plaça de lectora universitària a Roma. Entre les seves publicacions compten un estudi sobre la poètica de Hölderlin, assajos sobre temes filosòfiques i ressenyes per a la «Revista de Libros». Principalment ha traduït poesia catalana i assajos de literatura, historia, filosofia i música. Des de fa uns quants anys col·labora amb l'artista conceptual català Francesc Abad en projectes al voltant del pensament de Walter Benjamin i Ernst Bloch. Pel primer volum de la «Petita Biblioteca Catalana» a l'editorial Lehmweg va traduir contes de Víctor Català.

Die Übersetzerin

Claudia Kalász lebt seit 1988 in Barcelona. Sie ist Deutschlehrerin, Literaturwissenschaftlerin und Übersetzerin. Sie hat in Tübingen und Frankfurt a. M. Germanistik, Philosophie und Politologie studiert und war Universitätslektorin in Rom. Unter anderem hat sie eine Abhandlung über Hölderlins Poetik, Essays zu philosophischen Themen und Rezensionen für die »Revista de Libros« veröffentlicht. Übersetzt hat sie bisher schwerpunktmäßig katalanische Lyrik sowie Essays über Literatur, Geschichte, Philosophie und Musik. Seit ein paar Jahren arbeitet sie mit dem katalanischen Konzeptkünstler Francesc Abad an Projekten zum Denken Walter Benjamins und Ernst Blochs. Für den ersten Band der Reihe »Kleine katalanische Bibliothek« im Lehmweg Verlag hat sie Erzählungen von Víctor Català übersetzt.

»Petita Biblioteca Catalana«
Avis de l'editorial / Verlagsankündigung

Publicacions recents / Bisher sind erschienen:

Bd. 1 Víctor Català, *Contes – Erzählungen*,
223 Seiten, 2015 (ISBN 978-3-943537-02-4)

Bd. 2 Narcís Oller, *Contes – Erzählungen*,
256 Seiten, 2016 (ISBN 978-3-943537-05-5)

En preparació / In Vorbereitung:

Bd. 3 Ramon Llull, *Llibre d'amic i amat –
Das Buch vom Freund und dem Geliebten*, 2016
240 Seiten, (ISBN 978-3-943537-04-08)

Bd. 4 Joan Maragall, *Poemes – Gedichte*

TVR Targan Voss Partnergesellschaft mbB

Rechtsanwälte – Steuerberater – Wirtschaftsprüfer
Wir übernehmen alle Dienstleistungen einer wirtschaftsrechtlich ausgerichteten Kanzlei im Bereich deutsch – spanischer Geschäftsbeziehungen, insbesondere die Planung und Begleitung von Projekten und Transaktionen in Deutschland und Spanien.

Advocats – Consultors fiscals – Auditors
El nostre bufet d'advocats es dedica a la prestació de serveis jurídics, económics i financiers en l'àmbit de les relacions comercials alemanyes – espanyoles, enfocant les seves activitats principalment a la planificació i l'acompanyament de projectes i transaccions entre Alemanya i Espanya.

Abogados – Consultores fiscales – Auditores
Nuestro bufete de Abogados se dedica a la prestación de servicios jurídicos, económicos y financieros en el ámbito de las relaciones comerciales hispano-alemanes, enfocando nuestras actividades a la planificación y el acompañamiento de todo tipo de proyectos y transacciones entre Alemania y España.

D-20251 Hamburg, Lehmweg 7
Tel: +49 40 48 00 360   Fax: +49 40 48 00 36 36
Mail: info@kanzlei-tvr.de